EL TORINO

EL TORINO

Historia de una proeza industrial,
tecnológica y deportiva

Franco H. Cipolla

✿MOTORLIBROS

El Torino. Historia de una proeza industrial, tecnológica y deportiva
Primera edición en Lenguaje claro Editora, marzo de 2014
Segunda edición en Lenguaje claro Editora, abril de 2015
Tercera edición en Lenguaje claro Editora, "especial 50 años",
septiembre de 2016
Cuarta edición, primera en MotorLibros, julio de 2020

MotorLibros es un sello de Lenguaje claro Editora
Portugal 2951, (B1606EFA) Carapachay,
provincia de Buenos Aires, Argentina
www.lenguajeclaro.com
info@lenguajeclaro.com

Maqueta y puesta en página: Diana González
Diseño de tapa: Miur

Foto de tapa: Torino TS cupé, propiedad de los amigos Luciano
Arias y Guillermo Rodríguez; gentileza de revista *Ruedas Clásicas*
(www.ruedasclasicas.com.ar)
En contratapa: original del primer boceto para el emblema del
Torino, firmado por el estilista Ricardo Teodosio.

Cipolla, Franco H.
  El Torino: historia de una proeza industrial, tecnológica y deportiva
/ Franco H. Cipolla; prefacio de Oreste Berta; prólogo de Hugo
Semperena. - 4a ed. ampliada. - Carapachay: MotorLibros, 2020.
  282 p.; 23 x 15 cm.

  ISBN 978-987-47650-1-7

  1. Industria Argentina. 2. Automóviles Clásicos. 3. Diseño Industrial.
I. Berta, Oreste, pref. II. Semperena, Hugo, prolog. III. Título.
CDD 338.47629222

Se terminó de imprimir en el mes de julio de 2020 en La
Imprenta Ya, Alférez Hipólito Bouchard 4381, (B1605BNE)
Munro, provincia de Buenos
Aires, Argentina.

A la memoria de Ulrico D. Kaden
15 de enero de 1929-5 de mayo de 2019

Lo escrito permanece.

DOMINGO FAUSTINO SARMIENTO

ÍNDICE

Torino 300 versión Pininfarina de 1966

Presentación de la "edición especial 50 años"

Nunca tuve el gusto de hablar en persona con Franco H. Cipolla. Pero sí había leído la muy buena traducción, cuya revisión técnica estuvo a su cargo, del libro que James McCloud escribiera para su grupo de amigos, titulado *The IKA Story* –del que guardo la copia que Jim me dedicó–, y recientemente recibí de parte de su editorial un ejemplar de la primera edición de *El Torino*, donde Cipolla relata la interesante historia de aquel emblemático auto.

Fue un placer leer y revivir esos tiempos y aplaudo la dedicación que ha puesto este señor en que trascienda lo que ocurrió en esos años prolíficos de nuestra industria automotriz, nunca repetidos, y donde tanto se hizo para elevarla a otros niveles. Ni que hablar sobre la oportunidad que tuvimos quienes encabezamos diferentes grupos para poder desarrollarnos en nuestra profesión, algo que muchos de nosotros realmente aprovechamos.

Es importante que esta historia sea contada por dos razones. La primera: para mostrar lo que pudimos lograr en esa época. Y la segunda: que aquella experiencia contribuya como elemento motivador para empujar a jóvenes, adultos y gobierno a tratar de repetirla.

Del Torino, algunos pueden decir que fue una derivación del Rambler American. Pero yo me pregunto: ¿qué parecido o parentesco hay entre el vehículo del cual se partió y la obra final? Si hiciéramos esta comparación, se vería que quedaron sin tocar, del auto original, sólo algunas chapas de la carrocería. Todo lo demás fue nuevo, producto del ingenio de gente que, con muchísima libertad y entusiasmo, trató de lograr un excelente automóvil. Estas páginas reflejan cabalmente este proceso.

No estuve involucrado en la fase de diseño del Torino. Mi única intervención se dio en mis primeros años en la empresa como nexo entre Ingeniería IKA y Kaiser-Jeep USA, para transmitirles y detallarles a éstos, el trabajo de desarrollo llevado a cabo por el ingeniero Eduardo Genari en el motor Tornado. Más adelante se creó para mí un nuevo cargo: "jefe de desarrollos avanzados", reportando directamente al director de Ingeniería, George Harbert. Allí, entre otros desafíos, por propia iniciativa, modificamos el automóvil que tenía asignado para mi uso personal, el que más tarde terminó siendo la base del Torino 380W, y de los motores para uso deportivo que debutaron colocados en el Chevrolet-Tornado de Cesar Malnatti y la Maserati que corrió Eduardo Copello.

Quisiera aprovechar esta oportunidad que me brindan para aclarar algunas cuestiones en las que encuentro diferencias entre mi propia experiencia y cómo aparecen en el libro. Mis relaciones con Horacio Stevens fueron siempre buenas y de colaboración, más allá de los celos profesionales que, naturalmente, existían. Horacio me proveía las piezas especiales que yo necesitaba y no conseguía para mis Gordini particulares y yo lo ayudaba poniéndolo al tanto de nuestros adelantos. Él me invitó para que hiciéramos juntos en su auto el Gran Premio Anexo J de 1965, durante todo su recorrido y actuando como su asistente. También por aquellos días probábamos juntos mi auto y, mientras desarrollábamos el primer motor Tornado con carburadores Weber, tuvimos una seria rotura que nos dio un gran susto. Más adelante, en nuestro Departamento, le preparamos el motor y se lo instalamos en el Chevrolet-Tornado con el que participaron en algunas carreras en Turismo de Carretera al comando de Cesar Malnatti. Cuando Heriberto Pronello se encargó del armado de los autos que Stevens pensaba utilizar en TC, mi Departamento proveyó los motores, y finalmente, años después, en 1972, en ocasión de nuestra participación con el Berta LR V8 en los 500 kilómetros de Interlagos en Brasil, Horacio fue uno de los que colaboraron en nuestro box. No creo que hubiéramos podido hacer todo esto juntos, si no nos hubiéramos, por lo menos, respetado mutuamente.

Por otra parte, no hay dudas de que existía una seria puja entre las IKA Córdoba y Buenos Aires, de la que siempre fui ajeno. De un lado, estaba mi jefe, Harbert, pero nunca supe quién estaba del otro lado, muy posiblemente haya sido Tibor Teleki o, quizá, Stevens; pero nunca lo supe, ni siquiera cuando, posiblemente relacionado con esto, casi pierdo mi puesto –algo por lo cual el mismo McCloud, más tarde me pidió disculpas, un hecho más que demuestra la grandeza de este hombre–.

En cuanto a la presentación de los Torino en el Autódromo de Buenos Aires, aquellos que fueron armados para tratar de competir en el Gran Premio TC del año 1966, Stevens presentó sus autos "convencionales" y nosotros nuestra Liebre I, un auto que era copia fiel de mi propio auto de calle y hasta montaba el mismo silenciador de escape, pero al que además le agregamos una estilizada trompa de plástico diseñada y fabricada por mi amigo Heriberto Pronello. Los autos de Stevens habían sido armados en Córdoba por Pronello y terminados a último momento en Buenos Aires, ya sin tiempo de probar. Recuerdo que Horacio me comentó haber eliminado el servo freno y hecho algunos otros cambios en la suspensión, lo que posiblemente fue su mayor problema. El nuestro tenía el respaldo de varios miles de kilómetros hechos en mi vehículo de uso diario, el que también era utilizado a ritmo de carreras en mis viajes periódicos a Buenos Aires, donde en Competición o en Taller Modelo me esperaban con los doscientos litros de Aeronafta que cargaba y necesitaba para mi retorno a Córdoba. Debido a los problemas de puesta a punto que mostraban los autos de Stevens, McCloud y Fangio decidieron desistir de participar en el Gran Premio. De cualquier manera nos dieron libertad, en caso que así lo quisiéramos, de correr con la Liebre por nuestra cuenta, algo que no aceptamos.

Es importante que el lector conozca que, a diferencia de los muy modificados autos TC de la época, el Torino de carreras era casi estándar y armado en la línea de montaje de la fábrica, donde para reducir su peso, se eliminaba toda parte que no fuera estrictamente necesaria, sobre todo la pesada capa de revestimiento antirruidos. Luego se alargaban los pasarruedas para poder ubicar los nuevos neumáticos, se colocaba una muy simple jaula de seguridad y amortiguadores especiales fabricados por Fric-Rot, de acuerdo a los cálculos de su ingeniero Gómez, y resortes de suspensión de producción, recortados para ponerlos en la altura necesaria. Agregándole el motor, sus accesorios y la parte plástica, diseñada y producida por la empresa de Heriberto, ya teníamos todo lo necesario para armar nuestro auto de carreras.

Poco tiempo después del suceso del Autódromo de Buenos Aires, los vehículos correspondientes a la División Competición (Stevens) fueron despachados a Córdoba para que, salvo trompa, fueran puestos en las mismas condiciones de detalles que tenía nuestra Liebre I. El trabajo fue asignado a Proyectos Avanzados y yo planeaba hacerlo antes de abandonar definitivamente IKA. Dos meses después debía viajar a Italia, donde tenía contrato firmado para trabajar con Alejandro De Tomaso y hasta escuela reservada allá para nuestra pequeña hija Cheryl. En el ínterin, Horacio Stevens dejó IKA para ocupar igual puesto en Ford, y yo no tenía idea de quién se haría cargo del material que en ese momento preparábamos. Más tarde, en acuerdo con De Tomaso, acepté una muy importante e inusual oferta de McCloud para continuar en mi puesto, al que se anexaba el manejo del Equipo Oficial de competición, no así el apoyo a privados, que quedaba dependiendo de Relaciones Públicas Buenos Aires y en manos de Jorge Tapper, secundado por Carlos Lobbosco.

Volviendo al tema Liebres (así los bautizó Harbert, quien en su momento preguntó cómo se llamaban esos veloces "rabits" que se veían correr por el campo), sus versiones I y II correspondieron a mi Departamento, con la colaboración de Heriberto y su gente en lo referente a carrocería. También debo hacer notar que en los días en que estuve ausente acompañando por Europa a Juan Manuel Fangio, por ser la persona de mi mayor confianza, le pedí a Heriberto se hiciera cargo del manejo de mi personal para terminar la Liebre II que queríamos hacer debutar un mes más tarde en el Autódromo de Buenos Aires. Por otra parte, dejo aclarado, las versiones Liebre I y ½ y III, desarrolladas tiempo más tarde, son de su completa idea, autoría y fabricación.

De cualquier manera, cuando el tema se refiere a la competición, es común este tipo de diferencias en los relatos. Algunas provienen de periodistas que no tienen cabal información de lo ocurrido y otras, de las versiones de los involucrados, que ven los hechos a su manera.

Lo anterior es lo que recuerdo de esos tiempos y si lo escribo es por pedido de la propia editorial que publica este libro.

Felicitaciones, Franco; con su trabajo usted contribuye de manera positiva a difundir la historia de nuestro país.

ORESTE BERTA
Alta Gracia, marzo de 2016

Prólogo | Finalmente... el auto argentino

Cuando nos referimos a nuestra industria automotriz a lo largo de su historia, tan particular y tan especial, realmente encontramos muy pocos ejemplos de autos que puedan considerarse ciento por ciento argentinos, entendiendo por tales no solamente la fabricación, sino su diseño, desarrollo y posterior evolución. Posiblemente podamos incluir algunos modelos de la recordada I. A. M. E. (Industrias Aeronáuticas y Mecánicas del Estado) y muy pocos casos más que no lograron tener continuidad.

Todos los demás se fabricaron bajo licencia de marcas norteamericanas y europeas a fines de la década de 1950. Algunos modelos que consideramos "argentinos" generalmente son adaptaciones de otros fabricados en sus casas matrices, teniendo en cuenta nuestra idiosincrasia y factores locales como el estado de los caminos.

El caso del Torino no se aparta demasiado de esta última afirmación. Partiendo de un modelo no muy trascendente de la American Motors Corporation, el Rambler American (auto que, por otra parte, nunca había llegado a nuestras latitudes), IKA decide realizar una serie de "aggiornamientos" de estilo, contando con la bendición nada menos que de Pininfarina y su equipo. Así nace el Torino: de madre estadounidense y padre italiano, o –como ustedes prefieran– con entrañas del país del norte y un *lifting* de un maestro europeo, el cual le otorgaba una identidad y refinamiento que lo distinguían de su origen.

Su presentación hace exactamente cincuenta años y su posterior aceptación en el mercado produjeron sensaciones totalmente ambivalentes. A los buenos comentarios de la prensa especializada les siguieron los de una buena parte del público, que se sintió atraída por el nuevo modelo de IKA, que se trataba, además, de un cupé. Pero otra parte del público, en especial la más ligada a los "fierros", lo rechazó de plano. Qué ocurrió: tal como se acostumbra casi desde los inicios de la historia del automóvil, IKA decidió que la mejor forma de promocionarlo era a través de las carreras (de allí el conocido refrán *"Win on Sunday, sell on Monday"*: "Ganar el domingo y vender el lunes").

Para ello eligieron la categoría con más arraigo del automovilismo criollo: el Turismo de Carretera. Categoría entrañable, pero con las preferencias repartidas entre dos marcas con demasiada tradición como Chevrolet y Ford, desde la época de Fangio y los Gálvez, y por ese entonces renovadas con los duelos entre los Emiliozzi y Casá defendiendo a la marca del óvalo, y Cupeiro, Pairetti y Bordeu por el lado del "chivo". Además, los autos seguían todavía conservando las siluetas nostálgicas de "las cupecitas" de fines de los años treinta y, de repente, aparecen estos autos "de calle" pero superveloces, gracias a la varita mágica de un tal Oreste Berta. Fue demasiado. Si bien existían antecedentes en ambas marcas tradicionales de autos compactos corriendo, como el Chevitú y los Falcon, la presentación tan contundente de una nueva marca que dejaba atrás a todos, convirtió al Torino en el malo de la película, el que vapuleaba a sus rivales, los cuales, en inferioridad de condiciones, se debatían infructuosamente y se terminaban rindiendo ante no uno sino tres autos plateados (luego fueron más) que formaron aquella sigla histórica: CGT (Copello, Gradassi y Ternengo).

El nuevo auto fue rechazado, atacado (literalmente hablando), por el común de la gente. Fue muy duro, ya que los fanáticos de Ford y Chevrolet no aceptaron el Torino, tal vez nunca totalmente, hasta que… el milagro se produjo.

Nace el mito. Y entonces, el auto con entrañas norteamericanas y cirujano italiano, termina por bautizarse de "argentino hasta la muerte" en… ¡Alemania!

Así es, la epopeya de las 84 Horas de Nürburgring borró todo lo anterior, y en ese inacabable Maratón de la Ruta, absolutamente todos fuimos "hinchas" del Torino. Encima, los pilotos eran casi "multimarca", y además, como si esto fuera poco, el padrino del bautismo fue nada menos que Juan Manuel Fangio, con su experiencia y capacidad. Me olvidaba, Oreste Berta al frente, una vez más.

A partir de ahí, ya nada fue igual, y comienza una nueva relación entre el automovilista y el Torino que subsiste hasta nuestros días, treinta y cinco años después que saliera de la línea de producción el último de ellos. En el transcurso de esos años acontecieron numerosos hechos vinculados a este emblemático automóvil: evoluciones, mejoras técnicas, ediciones limitadas y, por supuesto, un protagonismo en el automovilismo deportivo nacional.

Hecha esta semblanza, los invito a compartir este libro, el cual representa una notable mejora sobre la versión original, al incorporar información adicional que ha de enriquecer al lector. Como siempre, Franco Cipolla aporta el máximo rigor investigativo posible. Su estilo de escritura es el que enaltece a todas sus obras, ya que, además de ser una fuente perfecta de información y documentación, brinda una opinión sincera, objetiva y comprometida. Que lo disfruten.

HUGO SEMPERENA[*]
Buenos Aires, febrero de 2016

[*] Reconocido coleccionista y participante activo del ámbito de los autos de colección. Editor y director ejecutivo de la revista *Ruedas Clásicas* (www.ruedasclasicas.com.ar).

Palabras del autor
para la cuarta edición

Este libro nació casi como un borrador, allá por 2008, bajo el título de *Proyecto Vehículo X. La historia oculta del Torino*. A pesar de haberse editado bajo la forma de "edición del autor", llevó para sí mismo un singular éxito que hizo que se reimprimiera tres meses después para cubrir la inusitada demanda. No tenía mayores pretensiones que contar el detrás de escena del desarrollo del Torino, del que no había nada publicado y en tiempos en los que Internet todavía era incipiente para estos asuntos. Tampoco nadie se había interesado por estos temas pasados de los que yo abrí el camino.

La investigación se basó en viajes de Buenos Aires a Córdoba, donde hice gran amistad con protagonistas de los sucesos acontecidos: ingenieros, directores y empleados de IKA, como Manuel X. Ordóñez, Jim McCloud, Jorge Hayzus, Jack Jones, Jorge Giovannoni, Jorge Jovicich, R. Leopold Tirel, Nicanor Castellanos, Ulrico Kaden, Raúl Tolcachir, Heriberto Pronello, Oreste Berta. Todos aportaron su granito de arena para esta crónica desde un principio, o se incorporaron cuando este libro ya existía físicamente, e hicieron que edición tras edición se perfeccione un poco más.

Pero no sólo quienes trabajaron en la empresa fueron protagonistas de la historia del Torino. Juan Carlos Tuzzolino, un coleccionista de Kaiser y Willys, con quien hablé por primera vez cuando yo tenía sólo dieciséis años, ha sido una parte fundamental en esta investigación. También lo fue Hugo Semperena desde su revista *Ruedas Clásicas*, que es hoy el único medio impreso que puede recoger con sapiencia la historia y la actividad de las "cuatro ruedas".

Gracias a todos ellos, y también a personas que desde el anonimato han hecho y hacen que día a día se acreciente el conocimiento de la industria automotriz pasada, del automovilismo deportivo en sí o del coleccionismo automotor, les presento esta cuarta edición, revisada, corregida, ampliada y con material hasta ahora inédito, de *El Torino. Historia de una proeza industrial, tecnológica y deportiva*, un auto que nació en Argentina y que cada vez más enaltece su valor como elemento de colección y de interés en todo el mundo.

FHC
Ciudad Jardín, 11 de julio de 2020

1 | El automóvil en Argentina y el fervor por las carreras

En 1892, un Daimler de vapor importado por Dalmiro Varela Castex se convirtió en el primer automóvil arribado a la Argentina. Llevó la chapa patente número uno, otorgada por la Dirección de Tráfico Público de la Municipalidad de la Capital.

Difieren las opiniones sobre si el Daimler fue el pionero o un De Dion-Bouton de 1887 o, en cambio, un Benz. De lo que no hay dudas es que fue Varela Castex quien inició la saga automovilística en el país. Este vecino porteño de alcurnia, devenido en el primer automovilista argentino, fundó el 11 de junio de 1904, junto al ingeniero Horacio Anasagasti, Carlos de Álzaga Unzué, José Pacheco Anchorena y Alfredo Tornquist, el Automóvil Club Argentino (ACA), insigne institución que impulsó la ley nacional de vialidad, entre tantos servicios a sus socios y al progreso del país.

A la llegada de los autos le seguirían muy pronto las carreras. La primera competencia automovilística data del 16 de noviembre de 1901, sobre una pista de mil metros en el ya desaparecido Hipódromo de Belgrano, en la ciudad de Buenos Aires. Un Rochester a vapor conducido por Juan Cassoulet se impuso a poco más de 73 kilómetros por hora. Una segunda carrera la ganó Marcelo Torcuato de Alvear por sobre el barón Aarón de Anchorena, el único contrincante.

Las historias del automovilismo y de la industria automotriz empezaban a escribirse sin prisa pero sin pausa. El emblemático Gran Premio Recoleta-Tigre (hoy rememorado anualmente) impuso en 1906 a un Darracq piloteado por Miguel Marín. Por su parte, la primera instancia del Gran Premio Argentino de Carretera, creado por el ACA, se corrió en 1910 entre Buenos Aires y Córdoba, y tuvo como ganador a Juan Cassoulet con un De Dion-Bouton, después de treinta horas y 42 minutos a 24 kilómetros por hora.

La producción o el ensamblaje de vehículos locales no se hicieron esperar. Aunque hubo varios proyectos de diseño y fabricación de autos argentinos –no siempre coronados de gloria–,[1] fue la técnica norteamericana la que recaló en nuestras pampas. En 1914, inició sus actividades Ford Motor Argentina, por lo que comienzan a aparecer en forma mucho más significativa los coches Ford en las versiones Doble Faetón (o Double Phaeton), Voiturette, Landaulet, Coupelet y Sedan. En 1916 fueron 3.549 las unidades vendidas en todo el territorio nacional. En 1917 comienza la importación de vehículos totalmente desarmados –en la jerga industrial: "CKD", por *Completely Knocked Down*–, que, una vez en Buenos Aires, son montados en la planta de ensamblaje establecida un año antes en el barrio de Barracas en conjunto con el flamante salón de ventas de la calle Paseo Colón, donde se los termina con la colocación de las respectivas carrocerías.

En 1921 comenzó la construcción de una planta de montaje en una manzana del barrio porteño de la Boca. En 1926 se amplía esta planta a fin de aumentar su capacidad productiva. En febrero de 1928 desembarcó en el puerto de Buenos Aires la primera unidad "A" importada, cuya aparición había sido anunciada en Estados Unidos por el propio Henry Ford apenas un mes antes.

En 1910, Julio Fèvre y Cía. comenzó la importación desde Francia de los automóviles Mors, Delaugére-Clayette, Aries, Delage, Delahaye, Citroën y Berliet. En 1916, la empresa fue designada distribuidora exclusiva en la Argentina de los automóviles y camiones Dodge, fabricados en Estados Unidos por la firma Dodge Brothers, tercera en importancia en ese país. En 1932 comenzaron las operaciones de montaje de automóviles de pasajeros y camiones en el edificio de la avenida Figueroa Alcorta 3300 (que contaba con una exclusiva pista de pruebas en la mismísima terraza) en Buenos Aires. En 1939 se unieron en una sola empresa las operaciones de montaje y venta de los vehículos Chrysler, Plymouth y Fargo con los Dodge.

---

[1] El ingeniero Anasagasti, por ejemplo, diseñó en 1910 un automóvil del que se construyeron artesanalmente unas cincuenta unidades durante tres años. Argentino era el vehículo, a excepción de la unidad motopropulsora, de origen francés, producida por la empresa Ballot, como así también la caja de velocidades, el mecanismo de conducción y los ejes.

En 1924, General Motors (GM) dio sus primeros pasos en la Argentina, completando la saga local de las llamadas *"Big Three"*. En un local alquilado de la calle Juan de Garay en Buenos Aires se instalaron una línea de montaje y las oficinas que dieron nacimiento a General Motors Argentina (GMA), hecho que se concretó el 19 de enero de 1925. La forma pujante en que se desarrolló la compañía determinó que muy pronto los talleres de Juan de Garay resultaran chicos e insuficientes. A raíz de ello se decidió, en mayo de 1927, la adquisición de cerca de treinta mil metros cuadrados en la zona de Barracas, junto al Riachuelo. El 15 de diciembre de ese año se iniciaron en el lugar las obras de construcción de los nuevos edificios, que abarcaron 12.571 metros cuadrados. La planta comenzó a trabajar en noviembre del año siguiente, constituida entonces por una edificación de dos pisos, un depósito para repuestos y un local para la escuela técnica.

A fines de 1925 ya había en la Argentina un parque automotor de 165 mil unidades, lo que la convertía en la séptima nación más motorizada del mundo, sólo detrás de Estados Unidos, Inglaterra, Canadá, Francia, Australia y Alemania, y con cien mil unidades más que las que circulaban por entonces en España.

En julio de 1928, GM decidió la ampliación de la planta de Barracas, para lo cual se adquirieron 15.681 metros cuadrados de terrenos contiguos. Por esa época, más del cuarenta por ciento de los vehículos vendidos en la Argentina eran productos de GM, en su mayoría los ya populares Chevrolet. Naturalmente, la capacidad de la factoría de Barracas comenzó a resultar estrecha para la magnitud de los trabajos emprendidos, razón por la cual en abril de 1938 la empresa adquirió cerca de treinta hectáreas en el cruce de las avenidas San Martín y General Paz, en el partido de General San Martín, provincia de Buenos Aires.

Las "Tres Grandes" de Detroit comenzaron a escribir páginas importantes en la evolución del automóvil en la Argentina. No sólo fueron las pioneras en el ensamblaje de vehículos en el país, sino que con las competencias deportivas sembraron una enorme pasión entre los "tuercas" que derivó en innumerables carreras aún vigentes. Estas actividades tuvieron significativa influencia en la producción y en el diseño de automóviles locales, ya fueran para las competencias o no. Hasta 1935, en las carreras, de neto carácter deportivo, corrían máquinas encuadradas en la categoría de Fuerza Libre, preparadas para desarrollar altas velocidades, sobre itinerarios de considerable pero también dudosa adaptabilidad a ese tipo de máquinas. En un acto de gran audacia, dadas las condiciones del entorno, el ACA decidió pasar sin transiciones a una nueva modalidad y a otra forma de encarar y organizar las competencias. Con la creación del Gran Premio, el 20 de junio de 1937, quedó oficialmente reglamentado el Turismo de Carretera (TC), una categoría con características propias y, para entonces, la disponibilidad de un parque de más de setenta máquinas en condiciones de largar (Núbile, 2001). El reglamento del Campeonato Argentino de Velocidad estipulaba que sólo podían participar automóviles de carrocería cerrada y motorización estándar, es decir que quedaban excluidos los modelos puros de carrera. Las competencias debían superar los mil kilómetros de extensión por diferentes rutas del país a 120 kilómetros por hora de velocidad máxima.

En la Argentina no hay categoría con tanta historia como el TC. Por edad, por vivencias, por las distintas etapas que acompañaron el progreso de un país que comenzó a desandar caminos, en muchos casos demarcados por las gloriosas "cupecitas" que transformaban esas planicies polvorientas en trayectos que luego marcarían redes de comunicación vial. Los pueblos se vestían de fiesta con la llegada de los raudos valientes, que junto con la pasión por la velocidad y la mecánica trasladaban como acompañante el entusiasmo por una actividad que revitalizaba localidades, regiones, provincias. Entre tanta historia, el gran protagonista fue el público, que mantuvo la fidelidad durante tantos años y que engrandeció el nombre de la popular categoría (Berasategui y Feito, 2008).

La primera edición de este torneo constó de tres fechas: Gran Premio Argentino, Circuito Correntino y Mil Millas Argentinas. Ángel Lo Valvo, bajo el seudónimo "Hipómenes", ganó la primera, mientras que Eduardo Pedrazzini se convirtió en el primer Campeón Argentino de Velocidad, título que al año siguiente obtuvo Ricardo Risatti. Los tres conducían modelos Ford V-8.

No sólo fue la rivalidad entre marcas el signo del TC, sino también las preferencias de autos a través de los gustos por los pilotos. Juan Manuel Fangio (1911-1995) ha de haber sido el mayor referente, en competencia con los hermanos Oscar y Juan Gálvez.

Fangio debutó en TC en 1938 con un Ford V-8, aunque rápidamente, en 1940, pasó a un Chevrolet, con el cual obtuvo el Gran Premio Internacional del Norte y se consagró Campeón Argentino, título que repitió al año siguiente.

La primera carrera de Oscar Gálvez (1913-1989) fue el 5 de agosto de 1937 con un Ford negro y blanco. Recién sería campeón en 1947, tras el *impasse* obligado por la Segunda Guerra Mundial, pero para entonces ya era ídolo de masas. Juan Gálvez (1916-1963) irrumpió en las Mil Millas Argentinas del Automóvil Club de Avellaneda en 1941, donde finalizó detrás de Fangio. Su primera victoria fue el 22 de febrero de 1949, en la primera Vuelta de Santa Fe. Estos tipos nacieron siendo grandes.

La gente se aglomeraba en los caminos, en las rutas, luego en los autódromos. Otros estaban firmes junto a las radios. Todos esperaban el paso de su ícono automovilístico, del coche de la misma marca que tenían en el garaje de casa. El TC se convirtió en pasión, los autos eran más que un medio de locomoción en las pampas criollas.

2 | Nace la industria automotriz argentina

Hacia 1930 Argentina ya se había ganado la fama de ser un país fuertemente proteccionista. Aunque la Unión Industrial Argentina resaltaba los beneficios de la sustitución de importaciones por producción manufacturera local, las medidas oficiales en esa dirección fueron, en general, bastante improvisadas y respondían a una combinación de tres factores: necesidad de recaudación fiscal, evitar desequilibrios comerciales y presiones de algún sector económico con suficiente poder.

Tampoco hubo una política coherente de fomento a la industria hasta que, en los primeros años de la década de 1940, la política de redescuentos del Banco Central favoreció a la industria más que a la agricultura y el comercio, se dictaron leyes de promoción industrial, se creó la Flota Mercante y se sancionó la ley que establecía la creación de la Dirección General de Fabricaciones Militares (DGFM).

En 1941, ante la escasez de neumáticos, combustibles y repuestos, el gobierno nacional puso en marcha un plan de racionamiento de automóviles y vehículos de transporte que prohibió todas las carreras y actividades automovilísticas deportivas. Para 1942, cesó la importación de vehículos y partes, y por ende, el ensamblaje en Argentina. Sólo había lugar para la comercialización de repuestos y accesorios, y de autos usados.

La Segunda Guerra Mundial, que abrió un paréntesis a muchas aspiraciones, sirvió también para despertar iniciativas auspiciosas. La provincia de Córdoba, por ejemplo, debió forzar su marcha, pues era preciso soportar la presión de los mercados locales afectados por el freno a la importación de maquinarias y equipos.

La gran industria del automóvil en la provincia mediterránea tuvo como hito de iniciación el 30 de noviembre de 1951, cuando por el decreto 24.103 se creó la Fábrica de Motores y Automotores. En diciembre del mismo año se declaró de interés nacional la fabricación de partes y accesorios para automotores y maquinaria agrícola, y el 28 de marzo de 1952 se ordenó la formación de Industrias Aeronáuticas y Mecánicas del Estado (IAME), empresa autárquica sometida al régimen de la ley 13.653, de funcionamiento de las empresas del Estado, con el objetivo de investigar, fabricar y reparar material aeronáutico, y la promoción y producción automotriz local.

Entre las diez fábricas que integraron IAME (de Aviones, de Motores de Aviones, de Motores de Reacción, de Instrumentos y Equipos para aviones y automóviles, de Paracaídas, de Hélices y Accesorios, de Máquinas y Herramientas en el área aeronáutica, de Tractores, de Motocicletas y de Automóviles), la Fábrica de Automóviles contó en su derrotero con el apoyo de más de trescientas pequeñas y medianas empresas proveedoras de partes. En sus inicios, los vehículos que produjo se comercializaron a través del Consorcio Industrial para la Producción Automotriz Argentina (CIPA), que coordinaba a los concesionarios y otorgaba créditos prendarios a los usuarios. De la Fábrica surgieron los modelos Justicialista Gran Sport, o Gran Sport Institec, Institec Graciela Sedán, Justicialista Pick Up y Rastrojero.

IAME también estaba involucrada en la fabricación y el ensamblaje de fuselajes aéreos. Si bien había una falta concreta de ingeniería de proceso y herramental especializado, necesarios en el maquinado de precisión repetitiva de los componentes, era la destreza de la fuerza de trabajo lo realmente impresionante. IAME trataba de hacer todo. Autos, mantenimiento de motores de aeronaves, motores pequeños, plásticos, etcétera. Relata James McCloud ([1995] 2015), quien fuera presidente de Industrias Kaiser Argentina (IKA):

> Para mí, IAME representaba un colosal experimento de programa de industrialización subsidiado por un gobierno. Aunque las habilidades estaban bien desarrolladas, se carecía por completo de proceso de producción. Dos automóviles, el cupé Justicialista y la *pick-up* Rastrojero, la motocicleta Puma y el tractor Pampa se fabricaban al mismo tiempo en varias partes de la planta sin que se percibieran divisiones entre un producto y otro. En un edificio se podían ver aviones en reparación, un taller de máquinas de propósito general y una línea de ensamblado de automóvi-

les. Todos los operarios que yo observé eran buenos. Sabían lo que hacían, organizaban sus propias tareas, mantenían sus lugares de trabajo meticulosamente limpios y parecían tener una buena actitud hacia su labor.

En 1951, el presidente Juan Domingo Perón había consultado a los distribuidores de las principales empresas que operaban en el país sobre la posibilidad de producir automóviles en la Argentina. Pero ellos consideraban que el mercado argentino no tenía la masa crítica que justificara la inversión y existía una difundida falta de confianza en la capacidad de los argentinos para crear una industria terminal. La inversión de origen interno, fuera pública o privada, era insuficiente para aumentar la productividad y reducir el peso de ciertas importaciones en la balanza de pagos. La única salida era la inversión externa y el Segundo Plan Quinquenal declaró la importancia de los capitales extranjeros. Esta inversión debía contribuir al desarrollo económico, traducido en la obtención directa o indirecta de divisas, con el foco puesto en la mecanización agrícola y la producción local de insumos hasta entonces importados. La producción local de tractores por empresas extranjeras fue el primer avance (Gerchunoff y Llach, 1998).

En 1953, con la producción del Justicialista Gran Sport ya en marcha y los regímenes de radicación de capitales extranjeros vigentes, el brigadier Juan Ignacio San Martín, cabeza de IAME, viajó a Estados Unidos con el objeto de mostrar la situación e interesar a los empresarios de ese país –entre ellos, a Henry J. Kaiser– en la instalación de una planta en la Argentina (Arréguez, 2008).

3 | Kaiser Corporation

Apogeo y caída en Estados Unidos

Con el ingreso de Estados Unidos en la Segunda Guerra Mundial, las fábricas automotrices norteamericanas fueron transformadas para producir material bélico. Volver a poner las cosas en pleno y eficaz funcionamiento una vez concluida la guerra no se podía hacer de un día para el otro, de modo que, al principio, los modelos que comenzaban a salir nuevamente de las líneas de montaje no eran otros que los mismos diseños de preguerra.

Un desafío significativo para la técnica automotriz norteamericana se produjo cuando el industrial Henry J. Kaiser (1882-1967) quiso ingresar en el negocio de los automóviles en 1945. Si alguien tenía la habilidad y los recursos para entrar en el cerrado mundo de "las cuatro ruedas", ése era Kaiser, el "hombre milagro", como lo llamaban en los medios estadounidenses. La revista *Fortune* escribió sobre él: "Ningún industrial desde Henry Ford ha realizado tanto en tan poco tiempo".

Kaiser había comenzado al frente de una empresa pavimentadora en la costa Oeste. Para la época en que llegó a Detroit, ya había tenido pleno éxito en el campo de los áridos, el aluminio y el acero. Había sido el principal contratista en la construcción de los diques de Bonneville, Grand Coulee y Shasta, así como el puente San Francisco-Oakland Bay, y durante la guerra sus fábricas sacaron un sinnúmero de aviones y vehículos militares, mientras sus astilleros producían flotas de barcos estandarizados ¡por el sistema de línea de montaje!

Era un hombre de ilimitada confianza y optimismo, constantemente expandiendo sus operaciones e investigando en áreas nuevas. Tras el conflicto mundial, solía decir que llegaban los años de oro para Estados Unidos: "Miren —decía a los que dudaban–, los 43 mil millones de dólares en Bonos del Tesoro acumulados durante la guerra sólo están esperando que sean tomados por el empresario justo". "Eso no es deuda –afirmaba–, es puro capital de riesgo". Cada vez que iba a ver a Fred Ferroggiaro, su hombre en el Bank of America, éste lo ponía en guardia siempre de la misma manera: "Henry, su posición de efectivo es muy débil". "Fred –le contestaba Kaiser–, ¿por qué no lo graba, así no pierde su tiempo diciéndomelo cada vez que vengo?".

Por largo tiempo, Kaiser había deseado un lugar en Detroit, para lo cual había destinado un equipo de sus mejores ingenieros a desarmar y estudiar distintos tipos de autos. Se veía a sí mismo como el heredero natural de Henry Ford: soñaba con fabricar un auto de cuatrocientos dólares para el hombre medio. Hasta 1945 fue y vino sobre la decisión de entrar en Detroit, pero en la primavera de aquel año pareció desistir. Sus oficinas centrales se situaban en Oakland, estado de California, y su hijo Edgar dijo: "Ninguno de nosotros quiere vivir en el Este". Sin embargo, hacia el cese de la Segunda Guerra Mundial se tornó evidente que Henry Ford ya no planeaba seguir utilizando sus plantas en Willow Run, estado de Michigan, lo que cambió el interés de los Kaiser.

En sociedad con Joseph W. Frazer –una figura relumbrante en Detroit, el vendedor supremo, un Lee Iacocca antes de Lee Iacocca, que había sido exitoso con anterioridad en Chrysler y Willys-Overland, entre otras compañías, y que hasta había decidido construir su propio automóvil– consiguieron alquilar la planta de Willow Run al gobierno norteamericano por poco dinero. Todo parecía estar en su lugar, aunque quienes tenían cierta experiencia en la industria automotriz no dejaron de advertirles ante la riesgosa apuesta: los costos eran muy grandes y las compañías existentes muy fuertes. Para colmo, con Henry Ford dispuesto a rejuvenecer su compañía, la competencia se volvería más formidable que antes. Estas dudas nunca conmovieron a Kaiser. "Dicen que camino en una pata –contaba–. Bueno, eso es lo que me gusta, caminar en una pata. Vamos a hacer un bien al país y al mundo, vamos a producir trece millones de autos."

Kaiser y Frazer hicieron dos ofertas públicas de acciones. El nombre de Kaiser atraía enormemente a la gente y los resultados fueron notables. Wall Street estaba asombrada. La primera oferta se vendió a 24 dólares la acción y recolectó 16 millones de dólares. Henry Kaiser llamó a Clay Bedford, su principal ejecutivo, y le preguntó: "¿Qué piensas, Clay?". "No está mal, Henry –contestó

Bedford–. Lo único malo es que deberías haber movido el punto un lugar para que fueran ciento sesenta millones y multiplicarlo por dos. Con trescientos veinte millones podríamos tener una chance."

Finalmente, las dos ofertas reunieron 53 millones de dólares. La suma le parecía bien a Frazer. La gente de Kaiser, por el contrario, creía que era insuficiente. En enero de 1946, Frazer le ofreció una cena a Kaiser en el Detroit Club. Esa noche se reunieron muchos de los potentados de la industria automotriz de la ciudad para conocer al recién llegado. Hubo una cierta frialdad, porque era un entorno que no admitía fácilmente a los nuevos. Muchos altos ejecutivos de General Motors estaban allí, así como J. T. Keller, la cabeza de Chrysler. La gente de Ford estaba notoriamente ausente.

Kaiser explicó a los presentes que ni él ni Frazer estaban tomando el negocio a la ligera. Habían juntado cincuenta millones de dólares y pensaban gastarlos totalmente en Detroit. "Denle una ficha blanca a ese hombre", gritó una voz desde el fondo, refiriéndose a la ficha más chica en el juego del póquer. Y así era, en realidad, porque en la escala de lo que se necesitaba para fabricar autos, todo lo que tenían Kaiser y Frazer era apenas una ficha.

Esa velada pareció simbolizar la actitud de Detroit hacia los dos "intrusos", que habían fabricado barcos pero no autos. Sin embargo, si alguien tenía posibilidad de meterse en una industria que parecía cerrada, ése era Kaiser. Había una cierta intrepidez de conquistador en él; había pasado su vida conquistando lo inconquistable, logrando lo imposible. Él y sus hombres habían tenido un desempeño brillante como fabricantes durante la Segunda Guerra Mundial. Bedford, su hombre de fabricación, había llegado a producir ¡37 barcos en un mes!

Y su intención del momento era buena también. Durante el conflicto bélico, el número de autos en los caminos de Estados Unidos había caído de 29 a 22 millones, y el país estaba hambriento de vehículos. En cierto modo, Kaiser sorprendió a sus críticos. Tuvo que poner a un lado sus sueños de construir un auto de aluminio y tracción delantera, pero él y Frazer estuvieron en producción para el otoño de 1946, dentro del mismo año en el que se habían estrechado las manos por primera vez.

La calidad de ingeniería en sus autos impresionó a los *old-timers* de Detroit. La compresión de los motores, pensaba Clay Bedford, podía haber sido mejor, pero, en general, los autos Kaiser-Frazer fueron bien considerados por los primeros compradores.

El problema fue siempre el dinero. Simplemente nunca había suficiente. La empresa estuvo siempre subcapitalizada. Hubiera tomado diez años construir una reputación y una pequeña tradición, así como una red de concesionarios. "Henry nunca entendió la escala", dijo Bedford más tarde. "Él sabía cómo tratar un desafío, podía construir el dique Grand Coulee. Conocía de arena, cemento y acero, pero no entendió la complejidad de la fabricación de un automóvil. Y no estoy seguro de que muchos lo entiendan." "Henry, le dije: en General Motors tienen un departamento de ingeniería completo sólo para tratar de bajar un décimo de centavo en cada alfombra."

Sin preparación para lo que había emprendido, Kaiser pronto descubrió que su socio, Joe Frazer, quien se suponía conocía el negocio (era, sobre todo, un vendedor), sabía menos de lo que pasaba en una fábrica de autos que la propia gente de Kaiser.

"Tocamos fondo enseguida", dijo Bedford. La compañía podía comprar sólo aquel herramental que podía pagar dentro de los sesenta días. En 1947, Kaiser-Frazer Corporation tuvo que pedir prestados 12 millones de dólares al Bank of America.

Pronto decidieron lanzar una tercera serie de acciones, pero la compañía colocadora se retiró, aun cuando se suponía que la venta no sería problemática. Eso mató una línea de autos prevista para 1949.

Mientras tanto, las otras factorías automotrices volvían a producir después de la gran contienda, con nuevas líneas, y reducían gradualmente el territorio disponible para Kaiser. En 1949, Frazer se abrió de la sociedad para ser sólo un consultor de ventas.

La presión financiera aumentaba. Los obstáculos eran cada vez más altos y había menos distancia entre ellos. El modelo 49 no se vendía. Desesperado, Edgar F. Kaiser fue al Bank of America por más dinero. "Te presto sobre cualquier cosa –le dijo Fred Ferroggiaro– menos sobre K-F."

El fin estaba cerca. En los primeros cinco años de vida, Kaiser-Frazer Corporation tuvo una pérdida neta de 34 millones de dólares y sus acreedores poseían una parte más grande de la empresa que los accionistas. En 1950 fabricó 151 mil unidades y perdió 13 millones de dólares. Ese año, Packard ganó cinco millones de dólares con una producción de 72 mil autos.

"Sabía que sería duro pero que podía hacerlo –dijo más tarde Henry Kaiser–. Nunca pensé que pondríamos tanto y que desaparecería en un suspiro." No había mejor industrial en Estados Unidos, pero había fallado en Detroit durante un *boom* automotor. Este hecho cerró la industria del automóvil en Estados Unidos, y la hizo inmune al desafío de nuevos competidores por varias décadas.

En busca de nuevos mercados[1]

En 1953, Kaiser adquirió Willys-Overland, creadora de la marca Jeep, de automóviles todoterreno. La nueva compañía emergente, Kaiser Motors Corporation, estableció su sede en Toledo, Ohio, locación de la planta principal y oficinas centrales de Willys. La reestructuración involucró el retiro de la producción de autos de pasajeros y la concentración en la línea Jeep, de propulsión en las cuatro ruedas.

Entre las mayores plantas que poseía y operaba la Kaiser Motors se encontraban la de ensamblaje mecanizado y prensa en Toledo, la División Motores de Detroit, la fundición de Dowagiac, Michigan, y la de prensa de Shadyside, Ohio. Estas tres eran las proveedoras del ensamblaje de vehículos de Willow Run y eventualmente se tornarían redundantes (McCloud, [1995] 2015): el

---

[1] La fuente para la mayor parte de la información provista en este apartado es McCloud, [1995] 2015.

último modelo producido en Willow Run salió de la línea el 28 de mayo de 1953. En noviembre, Kaiser Motors le vendió la planta a GM.

La División Motores de Detroit no sólo manufacturaba motores de automóviles para los Kaiser-Frazer, sino que además se comprometió, durante la Guerra de Corea (1950-1953), en la fabricación del motor de aeronave R-1300 bajo licencia de la Corporación Aeronáutica Wright. Cuando el conflicto con Corea llegó a su fin, los contratos de motores de aeronaves, que habían sido muy provechosos, cayeron y la División Motores se enfrentaba a una suspensión de tareas, por lo que se emprendieron varios estudios para hallar productos y mercados que se encuadraran en las aptitudes de fabricación de sus directivos.

La política común seguida en esa época por los fabricantes de automóviles en relación con Sudamérica era establecer una planta de ensamblaje en un país dado, clasificado de acuerdo al mercado potencial, y enviar allí los vehículos completos desarmados. A nivel local se compraban cubiertas, materiales de tapizado, pintura, baterías, vidrios planos, etcétera. El corazón del paquete CKD estaba integrado por los conjuntos importantes –motor, transmisión, diferencial, frenos, molduras, mecanismo de dirección, ejes, instrumentos–, diseñados y fabricados por la propia compañía automotriz.

Hickman Price Jr., sobrino de Joe W. Frazer, estableció una planta de ensamblaje en Brasil, junto con el equipo de distribuidores locales. Pero lo que en verdad querían era trasladar las máquinas y herramientas de la División Motores desde Detroit hasta Brasil, donde podrían fusionarse con la planta de montaje existente y formar la primera planta integrada de automotores de Sudamérica. Como gerente de Exportación para Willys, Price había organizado una fina red de distribución en el extranjero, en Brasil, en particular, a la que se sumaba una planta de ensamblaje para vehículos Willys con tracción en las cuatro ruedas en San Pablo. Sin embargo, Edgar Kaiser puso en espera los planes de Hickman Price hasta obtener resultados del *tour* de Henry J. Kaiser proyectado para Sudamérica. Esta decisión es la razón por la cual Argentina se transformó en el primer país fabricante de vehículos integrados de América Latina, si bien la población e infraestructura de Brasil debieran haberle dado prioridad.[2]

Un informe sobre el déficit en la población vehicular en América Latina hablaba de cuatro países en particular: Argentina, Brasil, Colombia y Venezuela, los únicos, según el estudio, que poseían el potencial suficiente para apoyar un proyecto de fabricación automotriz. Henry Kaiser pidió a sus colaboradores un plan de acción que se concentrara en esos cuatro países para su gira por América Latina. Debían prepararse folletos y propuestas para presentarlos a las respectivas autoridades.

El *tour* de dos semanas comenzó en agosto de 1954 y pronto se tornó muy claro que la mejor oportunidad surgía en Argentina. Se dice que ante el comentario de admiración de la señora Kaiser por el último modelo de Mercedes 190 SL que se hallaba estacionado en un garaje de la residencia presidencial, el general Juan Domingo Perón le dijo: "Por favor, señora, acepte este auto como presente de parte del pueblo argentino en reconocimiento al trabajo que la compañía de su esposo hace por él". Rápidamente, Kaiser devolvió el gesto enviándole a Perón un Kaiser Manhattan nuevo y totalmente equipado.

La voluntad de Kaiser de encarar la instalación de un proyecto de fabricación de automóviles en el país, invertir capital en equipamiento, entrar en acuerdos de licencia y formar una corporación

---

[2] En Brasil, el montaje de Jeeps lo inició Gastal S. A., representante local de la sociedad con los norteamericanos, liderada por el hijo del canciller brasileño Oswaldo Aranha, en 1949, en Río de Janeiro, por entonces capital de la república. El negocio creció y en 1952 llegó Willys. Viendo el potencial tamaño del mercado se propuso la creación de una fábrica. Edgar Kaiser voló a São Bernardo do Campo –como dice el nombre, era sólo campo, granjas, producción de ladrillos y tejas –y el piloto del avión privado, William Max Pearce, le sugirió un área. Por la noche, en el hotel, sin siquiera haberse confirmado el acuerdo con Brasil, Kaiser ordenó al piloto hacer los arreglos necesarios para comprar la finca y lo nombró director de la empresa, que pasaría a llamarse Willys-Overland do Brasil (WOB). Era un simple cobertizo solitario –que más tarde se convirtió en la cafetería– donde WOB comenzó montando Jeeps desde 1954. Para enero de 1955 ya habían producido seis mil unidades que sólo contaban con un treinta por ciento de piezas brasileñas. El 28 de septiembre de 1956 la producción pasó a la flamante planta de São Bernardo do Campo y se diversificó la producción.

pública en sociedad con el Estado argentino causó la mejor impresión, y se le solicitó "preparar y presentar una propuesta definitiva". Aunque el viaje prosiguió por Chile, Perú y Venezuela, Kaiser ya había elegido a la Argentina.

Pronto quedó claro, igualmente, que la industria local de autopartes no podía soportar el programa de producción de la Kaiser. En las plantas que habían visitado existía una ausencia notable de herramientas de producción, debida, por un lado, a que los fabricantes de autopartes se concentraban en la posventa y, por otro, a que la producción en serie no era habitual, si es que existía siquiera.

4 | Industrias Kaiser Argentina

Negociaciones y acuerdo con el gobierno de Perón

Pocos años después de perder la guerra, los alemanes adquirieron supremacía política y económica en Sudamérica. Para la parte argentina, el resultado no era tan positivo. Mediante la "Daimler *Connection*" –es decir, el enlace entre Alemania, la empresa automotriz y Argentina– apenas se había progresado hacia la meta planteada inicialmente: la transferencia de tecnología. La construcción de fábricas y el florecimiento del mercado interno derivaban fundamentalmente del esfuerzo nacional y la tecnología de punta brillaba por su ausencia. Los vehículos se importaban como productos terminados o en partes para su montaje. No había fabricación propia. El gobierno se endureció y reclamó la fábrica prometida (Weber, 2005).

El barón Arnt von Korff, representante para Sudamérica de Daimler-Benz, escribe en 1952:

> Aún no se concedió el permiso de montaje. Se nos quiere clavar con la "fabricación" antes de concedernos las licencias para el ingreso de las piezas de montaje.
>
> Debemos proceder sin reservas con la fabricación de camiones para poder exhibir algo, aunque sean sólo ejemplares de muestra, que, por mí, pueden ser hechos a mano.
>
> [...]
>
> Argentina se ha vuelto atractiva para hombres de negocios de Estados Unidos. Además de la gente del petróleo y del secretario de Estado Holland, estuvo aquí Henry J. Kaiser. En América, todo el mundo sabe que Kaiser no vale mucho, que tiene complicaciones y que es de lo peor en el área automotor de Estados Unidos. Yo di a entender muy claramente que no pensamos en lo más mínimo en

un trabajo en conjunto con Kaiser o con otras empresas norteamericanas.[1]

Pero la amenaza de Juan Domingo Perón no era en vano y en octubre de 1954, Korff hace sonar la alarma en Daimler-Benz:

> Anteayer, el gobierno argentino firmó un contrato con el grupo Kaiser. Está prevista la construcción de una fábrica de automóviles en Córdoba. Se programa la fabricación de cuarenta mil automóviles al año. Esto significa un sensible golpe para nuestro negocio. Estados Unidos pretende recuperar el terreno perdido en Argentina. Esta batalla, por ahora, la hemos perdido nosotros.[2]

En sus memorias, el ingeniero James F. McCloud relata:

> En nuestras visitas a las plantas de ensamblaje de General Motors y Ford, que no estaban en actividad en ese momento, nos enteramos que el Banco Central hacía un tiempo que no emitía permisos de importación para la cantidad de CKD requeridos, ni siquiera para mantener el mínimo de producción. Esto también se aplicaba para Chrysler, que ensamblaba sus unidades en una planta propiedad de Fèvre y Basset. Nos aconsejaron exigir en el contrato un compromiso avalado por el gobierno para que durante la totalidad de los cinco años del programa de integración se garantizara la disponibilidad de divisas para las importaciones necesarias.
>
> [...]
>
> La única compañía automotriz que recibía permisos de importación en forma regular era Mercedes-Benz. Ésta podía no sólo mantener la producción de su camión y su colectivo en su planta de ensamblaje, sino que también

---

[1] Citado por Weber, 2005.
[2] Ídem.

estaba importando unidades construidas, principalmente taxis, como así también algunos autos privados para pasajeros. Como principal propietario y operador de la planta Mercedes-Benz, el señor Jorge Antonio poseía las conexiones para que sus importaciones tuvieran prioridad, supuestamente porque eran para el transporte del sector público y para el acarreo. Pero abundaban los rumores de cómo se vendían al menudeo los productos de Mercedes –con márgenes exorbitantes, pagos por debajo de la mesa y cosas así–, debido a la escasez.

En 1954, la industria automotriz argentina se hallaba en un estado embrionario: en pequeña escala eran armados vehículos mediante la importación casi completa de sus partes mecánicas. El parque automotor estaba integrado por 564 mil unidades de origen extranjero de todo tipo, de las cuales un sesenta por ciento sobrepasaba los diez años de uso. La relación vehículo por habitante era menor aún que veinticinco años atrás. Se había retrocedido por dos razones fundamentales: el país carecía de divisas para la importación de las piezas requeridas para armar automóviles y no había disposición para invertir capital y prestar asistencia técnica para fabricarlos. La relación vehículo/habitante era de 1 a 43 en 1955, mientras que en 1930 había sido de 1 a 27. En comparación con otros países de economías similares, Australia tenía en 1930 un vehículo por cada quince habitantes y luego una relación de uno a cuatro en 1955; Canadá, un automotor por cada diez habitantes en 1930 y de uno a cuatro en 1955. Por último, Brasil tenía una proporción de un vehículo por cada 210 habitantes en 1930, y luego de uno a 83 habitantes en 1955 (IKA, 1965).

En un esquema de país cerrado al mundo, los automóviles nuevos estaban a disposición solamente de personas privilegiadas. Se conseguían mediante órdenes oficiales, para la gente famosa y los amigos del poder. Pero en agosto de 1954, Henry J. Kaiser le propuso al gobierno argentino la radicación del equipo de Kaiser Corporation "como una solución práctica, rápida y fácilmente viable para los problemas configurados por el desequilibrio existente

entre el abastecimiento y las necesidades locales de automotores"
(IKA, 1965).

En 1955, IKA importó 1.021 Manhattan terminados desde
Estados Unidos.[3] Los autos eran vendidos a personas que habían
recibido un certificado de compra del gobierno a un precio prede-
terminado de 92.500 pesos moneda nacional (aproximadamente
seis mil quinientos dólares). En el mercado abierto, los autos se
cotizaban a un precio mucho más alto, por lo tanto la distribución
de los certificados aumentaba el patronazgo político. En muchos
casos, el poseedor del certificado no necesitaba ni quería un auto,
por lo que trataba de venderlo. Pero IKA insistió en que el comprador debía ser el titular inicial (posteriormente, si quería vender
la unidad, eso era asunto suyo).

Las opiniones difieren sobre las razones para el reingreso
repentino de Henry Kaiser en el negocio en el que había estado
bastante inactivo desde 1950. Algunos creen que su interés se
debía a un deseo de salvar la marca Kaiser; otros, que se trató simplemente de instinto para los negocios. Esta alternativa tiene buen
fundamento: Argentina estaba hambrienta de autos y camiones,
y Perón procuraba atraer grandes inversiones o capital industrial
extranjero para impulsar una economía en recesión (Langworth,
1975).

Jorge Antonio, uno de los "hombres de confianza" del presidente Perón,[4] hizo saber que él debía participar de algún modo

---

[3] En 1955 en Toledo, Ohio, se fabricaron unidades del Manhattan tanto para el
mercado norteamericano como argentino. Entre abril y junio se completó la serie
de 1.021 unidades para ser exportadas. De este total, quince fueron retenidas
en fábrica para uso de los ejecutivos y una de ellas fue asignada al diseñador
Brooks Stevens. Se cree que estos quince Manhattan estaban equipados con
compresor de sobrealimentación (supercharger) y con transmisión Hydramatic.
Un último modelo producido para exportación tenía dirección servoasistida,
frenos de potencia, supercharger y Hydramatic. Esta unidad fue especialmente
fabricada para George Harbert, por entonces jefe de Ingeniería en Toledo. Hay
que destacar que los colores de pintura e interiores para los Manhattan enviados
a Argentina fueron diferentes a los utilizados en los automóviles vendidos en
Estados Unidos.

[4] Los vaivenes de la fortuna lo llevaron a ser representante en Argentina de las
automotrices General Motors y Mercedes Benz, y acumular así una gran riqueza
e importantes contactos.

en el proyecto para garantizar que tuviera éxito. Se llegó a la conclusión de que lo que el señor Antonio quería realmente eran los derechos de distribución de la futura producción de Kaiser en Argentina. Ante tal situación, Henry J. Kaiser dio instrucciones a su hijo Edgar de informar al presidente Perón que si la Organización Kaiser debía depender de la influencia del señor Antonio para tener éxito en su negocio en Argentina, regresaría a Estados Unidos. Edgar le informó al ministro Gómez Morales de la discusión entre el señor Antonio y su padre y le preguntó cuál era la posición del gobierno. Gómez Morales se disculpó y, tras realizar la consulta correspondiente, respondió: "El Jefe dice que ustedes son dueños de hacer lo que quieran". Se mencionó que Perón creía que un acuerdo entre Kaiser y Antonio sería provechoso, pero de ninguna manera era obligatorio.

Las negociaciones comenzaron en septiembre de 1954, pero se estancaron cuando se hizo evidente que algunos de los funcionarios argentinos esperaban "regalos" en los pagos. Henry habría dicho: "Vamos, Edgar", y habiendo recogido sus papeles se habría dirigió a su hotel. Pero Perón lo llamó y le aseguró que nada de eso ocurriría.

En la tarde del 4 de octubre de 1954, el brigadier Juan Ignacio San Martín, en representación de Industrias Aeronáuticas y Mecánicas del Estado (IAME), Henry J. Kaiser, presidente de la Kaiser Motors Corporation, Edgar F. Kaiser, presidente de Willys-Overland Motors Inc., Alfredo Gómez Morales, secretario de Asuntos Económicos del gobierno argentino, y Miguel Revestido, ministro de Finanzas, suscribieron una Carta de Acuerdo.

Finalmente, el contrato entre IAME y las compañías Kaiser, que dio origen a Industrias Kaiser Argentina S. A. I. C. y F., fue firmado en enero de 1955 en el propio despacho del presidente Perón. El capital inicial fue de 360 millones de pesos moneda nacional (unos veinte millones de dólares de entonces): el 32 por ciento representaba el valor calculado de las maquinarias y herramientas traídas de Estados Unidos; un veinte por ciento constituía la inversión de IAME, como entidad coordinadora del gobierno argentino para la industria automotriz; el saldo se reunió por suscripción pública (durante años, la acción ordinaria de IKA fue uno de los "papeles líderes" en la Bolsa de Comercio de Buenos Aires) y mediante un préstamo de fomento a largo plazo del Banco Industrial obtuvieron doscientos millones de pesos moneda nacional.

En marzo de ese año se inició la construcción de la fábrica de Santa Isabel, en las afueras de la ciudad de Córdoba, compuesta por una planta de producción integral de motores, una planta de prensas para estampado de carrocerías y una planta de ensamblaje. (El pilotaje para instalar la prensa de estampado en frío más grande de la Argentina alcanzó diecinueve metros de profundidad.)

El comienzo de la producción

En los trece meses que mediaron entre la colocación de la piedra fundamental y la salida del primer Jeep argentino se construyeron 73.381 metros cuadrados de edificios y llegaron nueve mil toneladas de equipos desde Estados Unidos. Fueron empleados, entre otros materiales, cuatro millones novecientos mil kilos de acero, dos millones de ladrillos y nueve millones ochocientos mil kilos de cemento. El traslado de maquinarias, tarea delicada, voluminosa y compleja, requirió la labor de tres equipos de hombres: uno en Estados Unidos, otro en Buenos Aires y el tercero en Córdoba, trabajando de manera simultánea y bajo una precisa coordinación. Hubo piezas tan pesadas, como el caso de una corona de prensa que superaba las sesenta toneladas, que obligaron al barco que las transportaba a remontar cien kilómetros el río Paraná hasta las obras de la "superusina" de San Nicolás, único lugar donde se disponía de una grúa de suficiente capacidad para descargarlas.

En paralelo a IKA surgieron muchas industrias menores autopartistas que significaron crecientes fuentes de trabajo. La creación de proveedores para la industria automotriz, hasta ese momento inexistente, significó convertir fabricantes de licuadoras o lavarropas o torneros en abastecedores de una industria exigente. Para ello hubo que enseñarles a leer planos, obtener materiales especiales, medir con equipos de precisión y hacer ensayos de vida con sus productos. Al principio, ninguno podía hacerlo, por lo que IKA comenzó produciendo esas piezas e indicándoles qué debían corregir para lograr una calidad adecuada en dínamos, arranques, bobinas de encendido, baterías, instrumentos, etcétera. IKA llegó a tener mil quinientos proveedores industriales que alcanzaban a dos mil novecientos si se consideraban los de otros renglones. Estos desarrollos dan una idea de la epopeya que significó hacer unidades con casi el ciento por ciento de piezas nacionales.

El 27 de abril de 1956, la fábrica entregó el Jeep argentino número uno, primer vehículo producido en gran serie en el país. El primer Jeep no sólo se fabricó en una planta cuya construcción había comenzado apenas trece meses antes, sino que, lo más importante, su motor fue el primero producido en una línea de producción de América Latina. El contenido nacional era de alrededor del cuarenta por ciento y, según McCloud, hubiera sido mucho mayor de haber estado en total operación la planta de prensas.

En ese año se fabricaron dos mil cuatrocientos Jeep y Pickup Jeep en dos tipos de tracción. En 1957 estaba en la calle la Estanciera y en 1958, el Kaiser Carabela, el primer sedán argentino de gran serie producido en línea de montaje que vino a cubrir un notable espacio en el mercado local (anteriormente, GM, Ford

Colocación de la piedra fundamental en Santa Isabel, 1955. *Kaiser Engineers*

y Chrysler habían producido en el país otros autos en líneas de montaje, pero usando partes importadas).

El primer auto de pasajeros de IKA era esencialmente una versión del Kaiser Manhattan 1954/1955, sin compresor de sobre-alimentación (*supercharger*) ni sobremando (*overdrive*), con unos pocos cambios en la suspensión y el chasis, y con un suntuoso tapizado. Cuenta McCloud:

> Sin embargo, no todos aquí nos apoyaban. La mayoría de los ingenieros argentinos con los que trabajaba en IAME sentía gran antipatía hacia nuestro programa. Apoyaban la producción del vehículo utilitario Jeep, pero pensaban que el auto de pasajeros de Kaiser era demasiado grande y pesado, el motor Continental 226, obsoleto, y que sólo debía importarse equipamiento nuevo. En términos ideales, ellos estaban en lo correcto en todos los aspectos. Un auto más liviano y compacto sería más adecuado al requerimiento del mercado argentino, tendría un uso más eficiente del combustible y yo habría estado feliz de poner en marcha una nueva planta con las últimas novedades en materia de equipamiento. Pero no podíamos darnos el lujo de hacerlo en esos términos. Los productos, gustaran o no, eran los únicos que teníamos disponibles y harían su trabajo. El punto central de la historia era que se permitía el despliegue de un excedente de maquinarias y el desarrollo de una producción automotriz en el país, ahorrando divisas que redundarían en el beneficio de todos.

El Kaiser Carabela estaba equipado con la planta motriz Continental 6L 226 de 3.707 centímetros cúbicos y válvulas laterales, al igual que en Estados Unidos, cuya calidad ya estaba comprobada localmente desde que saliera la Estanciera. Claro que no podían faltar los detractores, en tanto se trataba de un modelo que estaba superado conceptualmente. Pero fue un ejemplo de racionalidad productiva: la versión de cuatro cilindros del Jeep –y más tarde, el Bergantín– se logró quitando dos cilindros al motor original de seis. Compartía pistones, bielas, válvulas y demás accesorios de la distribución, y hasta tenían la misma capacidad de cárter de aceite y el mismo diámetro de los cilindros y la carrera del pistón. Esto se reflejaba en un ahorro de costos de producción y de utillajes. Sin insistir en que era un motor antiguo (se utilizó en Estados Unidos desde 1928 hasta ¡1965!), satisfacía los requisitos de un país con talleres mecánicos a los cuales este tipo de tecnología les era habitual para las reparaciones y puesta a punto.

Desde la primera unidad y hasta el año 1961, todos los Carabela salieron tapizados con cuero Sedanap. Éste se aplicaba en todas las superficies tapizadas, es decir, asientos, paneles de puertas, estante trasero y revestimiento del tablero de instrumentos. A partir de 1961, según relata Jorge Giovannoni, ingeniero encargado del área de pinturas y tapizados, se completó el desarrollo nacional de telas de poliamida para tapizado de calidad equivalente al de las telas de Estados Unidos (ni en Europa, por aquel entonces, se producían telas automotrices de buena calidad y que pudieran acompañar la vida esperada del vehículo) con los proveedores Fibratel y Texa Textil. Las telas –que se usaron en zonas principales de asientos y puertas– tuvieron aplicación en este modelo desde entonces como una opción del tapizado de cuero, el que siguió en producción hasta la discontinuación del Carabela. Nunca se utilizaron telas plásticas (mal llamadas "cuerinas") en el Carabela, excepto en la versión taxi KA-1T. Por otra parte, todo el utillaje para las molduras del Carabela vino de Norteamérica, desmontado.

El desarrollo local del proceso completo de los utillajes –diseño, fabricación, puesta a punto y producción para las molduras de acero inoxidable– sucedió con la incorporación del Rambler, siendo el modelo Ambassador el de mayor complicación en cuanto a molduras, especialmente las interiores y las que embellecían los asientos, por lo complicado de las formas. Todo el proceso indicado estuvo a cargo del ingeniero Enrique Marquínez, de cuya sección se consideraba que salía un producto especial.

El Ambassador 990, de 1963, es el primer auto nacional equipado con aire acondicionado, dirección hidráulica, levantavidrios eléctricos en las cuatro puertas, traba en los vidrios traseros y frenos de potencia. Se aplicaron para esta serie combinaciones de dos tonos de pinturas reservadas a los vehículos de alta gama, telas plásticas para el tapizado del techo (que todavía no era moldeado sino cortado y cosido), color "Gris Sceptre", y tela "Hannover" gris en las zonas de contacto (parte superior del almohadón y parte delantera del respaldo) combinada en el resto del asiento con la tela plástica "Cebú" gris acero. En el modelo 65 se incorporó a la industria argentina el exclusivo motor Tornado con árbol de levas a la cabeza y cámaras de combustión esferoidales. En el Ambassador 68 se eliminó el interior típicamente norteamericano y sobrecargado de decorados y se procedió a europeizarlo. Se reemplazaron los asientos individuales anchos por unos abutacados, lo que permitió ubicar un elemento retráctil entre ambos asientos, que cuando se acomodaba a nivel de los asientos servía como uno adicional para un infante, o posicionado en su tope máximo hacia arriba servía de apoyabrazos para el conductor o el pasajero delantero. El tablero de instrumentos también sufrió modificaciones con la eliminación de varias molduras cromadas y el agregado de insertos longitudinales de madera. Los tapizados de asientos ofrecidos eran de dos tipos: cuero y plástico combinados o tela textil y plástico también en

Colocación de las prensas antes de techar la fábrica. *Kaiser Engineers*

combinación. Para los tapizados en cuero habían logrado desarrollar telas plásticas con el mismo aspecto en grabado y color que el cuero. Éste se usaba en las superficies de contacto con el ocupante y el plástico tapizaba las zonas restantes de los asientos y las puertas. En la práctica no se distinguía uno del otro pero en el interior se respiraba el aroma del cuero; aquí se utilizaba, por primera vez, cuero perforado. El criterio descrito aplicaba asimismo a los tapizados en tela en lo concerniente a su distribución en las distintas zonas de los asientos.

En el panorama de la producción argentina de automotores, el Carabela era el único que se encuadraba dentro de la categoría de los popularmente llamados "botes" o "dinosaurios devoradores de nafta", tal cual sentenciaba en Estados Unidos George Romney, presidente de American Motors Corporation (AMC). Por lo tanto, los que preferían un auto francamente grande, tanto en dimensión física como en cilindrada y potencia de motor, sólo podían optar por el Carabela y autos importados. Estos últimos, sin embargo, eran muy caros o de segunda mano, y la mayoría, de origen europeo –medianos, chicos y micro cupés–, lo que llevaba a muchos a descartarlos.

Entre tanto, el Jeep, mediante diversas transformaciones, se convirtió en el vehículo que reunía las características utilitarias y la habitabilidad de un coche de pasajeros. Así, el Jeep era carrozado y se usaba como auto aunque era durísimo de suspensión, había que hacer contorsiones para entrar y salir, y eventualmente se abrían las puertas con el traqueteo. Hay que recordar, además, que en 1956 se había abierto nuevamente la importación, por lo que se conocen los modernos utilitarios europeos de bajas y medianas cilindradas: empiezan a aparecer los Fiat 600 y 1100 italianos, el Peugeot 403 francés, los Borgward y Opel Olympia Rekord alemanes, entre muchos otros.

La idea de IKA era ofrecer un vehículo para cada necesidad, pero el Kaiser que entró en producción en 1958 no era el producto que satisfaría la demanda que existía de una unidad más pequeña y económica. IKA percibió que el mercado argentino necesitaba un auto europeo mediano de buena *performance.* Mientras que el Carabela era un automóvil hermoso y tendría su lugar conveniente en el mercado, el volumen real de ventas sería el de una unidad con un peso y potencia mucho menores.

En 1958, IKA comenzó a desarrollar el Proyecto X-60, que consistía en la fabricación de un auto de estilo europeo, mediano, para el que se utilizaría la mayor cantidad de elementos mecánicos producidos en la planta de Santa Isabel para los Jeep, Estanciera y Carabela, con la incorporación del motor más chico de la línea.

Durante estudios y negociaciones pensando en el automóvil chico y también mediano, representantes de IKA viajaron a Europa para tratar con el Grupo Rootes, en Inglaterra, con Peugeot, Renault y SIMCA, en Francia, y con Alfa Romeo, en Italia. Fue Bill Heard, quien ocupó distintas funciones en la Kaiser e IKA, el que se enteró que había sido discontinuada la fabricación del modelo 1900 de Alfa Romeo.

Con la idea de desarrollar el automóvil mediano, IKA localizó un Alfa 1900 usado y lo llevó a Córdoba para que el equipo de Ingeniería trabajara con él. Así fue como se desarmó la Berlina 1900 y se la reconstruyó con componentes de IKA. La carrocería y muchos de los componentes de la suspensión diseñados por Alfa Romeo fueron conservados, pero el motor, el mecanismo de dirección, los frenos, etcétera, eran de IKA y sus proveedores. Durante la investigación, disfrazaron el vehículo con una parrilla falsa y algunas lonas, y efectuaron extensas pruebas de manejo. El prototipo resultó muy bueno; tenía buena maniobrabilidad, mucha potencia y era sólido y cómodo para cuatro o cinco pasajeros.

El encargado de hacer el contacto inicial con el directorio de Alfa Romeo fue el gerente de Relaciones Públicas de IKA, Manuel X. Ordóñez –partícipe relevante en la toma de decisiones de los principales proyectos de la empresa–, quien hablaba muy bien italiano, además de otros idiomas. Viajó a Milán en abril de 1958 para una primera entrevista con Igino Alloisio, vicedirector general de Alfa Romeo, que dio lugar a un nuevo viaje a Italia en septiembre, ahora con James F. McCloud, gerente general de IKA (llegó a ser presidente de la empresa en 1959).

Alloisio manifestó que su compañía le vendería a IKA el conjunto de equipos por un millón de dólares con la condición de que

Stand de IKA en una exposición en la Sociedad Rural Argentina, 1965. Ésta fue la ocasión de la presentación del motor Tornado.

el vehículo producido en Argentina no llevara ninguna identifi-cación de Alfa Romeo y de que ninguna publicidad asociara a la firma con el producto argentino (sin embargo, los modelos locales llevaron un emblema en la tapa del baúl que rezaba: "Diseño de Carrocería Alfa Romeo").

El contrato firmado entre las compañías Alfa Romeo, Willys Motors e IKA establecía la cesión de la patente para la fabricación en Argentina de la carrocería del Alfa Romeo 1900 Berlina de cuatro puertas. Los coches tendrían la carrocería habitual con leves reformas, pero sus motores serían similares a los Jeep y Estanciera. Para cumplir con este nuevo plan de producción, IKA redujo en la mitad la construcción del Kaiser Carabela.

A su vez, las visitas a Renault, con la aspiración de contar con un modelo pequeño en la gama, dieron como resultado que en 1959 se produjera la aparición oficial de la marca francesa en la Argentina, mediante un contrato de licencias y asistencia técnica para la fabricación de automóviles de la Régie Nationale des Usines Renault, en principio del modelo Dauphine. De tal manera, el 12 julio de 1960 y luego de haber construido treinta mil metros cuadrados adicionales en la planta de Santa Isabel como parte de la inversión de capital extranjero, fue presentado el primer Dauphine-IKA.

En retrospectiva, IKA se tomó demasiado tiempo para decidirse. Debía haber comenzado la producción de autos pequeños dos años antes. De todas formas, por los resultados y las ventas de Dauphine y, luego, de R4, que representaban el porcentaje mayoritario con respecto a los demás productos IKA, seguramente no estaban equivocados.

Al cumplir IKA diez años, la línea de automóviles producida en la planta de Santa Isabel, provincia de Córdoba, era la más completa que ofreciera empresa alguna de la Argentina: cuatro modelos Renault (Dauphine, Gordini, R4L y R4F), seis modelos utilitarios (Jeep, Pick-up, Jeep Estanciera y versión taxi, Jeep Furgón Utilitario, Jeep Gladiator de quinientos y mil kilos en versiones doble y simple tracción, y Carguero) y cuatro modelos Rambler (Classic Custom, Classic de Luxe, Classic Cross-Country y Ambassador 990). Para 1966 estaba en producción el Torino (cupé y sedán), desarrollado íntegramente en el departamento de ingeniería IKA.

Para 1960, al término del período de cinco años del acuerdo de instalación de IKA:

- Había alrededor de diez mil accionistas argentinos en IKA que representaban el 41 por ciento de las acciones. La organización Kaiser conservaba alrededor del treinta por ciento, el gobierno argentino poseía el 17 por ciento a través de la Dirección Nacional de Fabricaciones e Investigaciones Aeronáuticas (ex IAME) y los socios extranjeros de IKA –AMC, SIFCO y Renault– alrededor del once por ciento colectivamente.
- IKA producía más de cuarenta mil vehículos al año, ahorrando anualmente a la Nación Argentina más de sesenta millones de la preciada moneda extranjera.
- Cuando IKA abrió sus puertas, menos del treinta por ciento de cada vehículo producido era fabricado en Argentina. Cinco años después, no menos del noventa por ciento de cada Jeep y Carabela estaba hecho con partes provistas por las más de mil compañías argentinas y de fabricación casera de IKA.
- IKA y sus subsidiarias (excluyendo a SIAM Automotores) emplearon más de quince mil personas y de este total, sólo 35 individuos eran especialistas expatriados tanto norteamericanos como franceses

---

El Bergantín: un decisivo entrenamiento para el Torino

Cuando Alfa Romeo le cedió la patente del 1900 Berlina a IKA, fue el ingeniero Ulrico Kaden el encargado de viajar a Italia para probar la matricería y el herramental del modelo discontinuado. Supervisó la fabricación de veinticinco juegos de piezas y el armado de dos carrocerías completas, que fueron enviadas a Córdoba como patrón para la puesta a punto de los dispositivos (este trabajo fue realizado entre enero y marzo de 1959). En Córdoba se mejoraron algunos procesos; se construyeron algunas matrices adicionales y dispositivos para las operaciones más lentas como el pestañado de las puertas. La carrocería completa nacional de los autos de serie llevaba veintisiete kilos de estaño, de los cuales se eliminaba gran parte con las limas de chapa (con dientes curvos) y las pulidoras. Todas las soldaduras a tope, que eran muchas, se realizaban con material de aporte (soldadura autógena).

La principal complicación para construir esta carrocería ciento por ciento en la Argentina era que no había sido pensada para una producción de gran serie; Alfa Romeo la diseñó de apuro para salir del paso después de la Segunda Guerra Mundial, con la menor inversión posible. Era un herramental sucinto: una matriz de embutir de fundición y luego dispositivos y máscaras (*jigs*) para recortar con tijera de mano o cizalla neumática. Como no existían matrices de cortar, después de embutir había que cortar toda la chapa que sobraba a mano, doblar pestañas a martillo y perforar agujeros. El despiece o "corte" de la carrocería que realizó la división Métodos no contribuía a facilitar la fabricación, pero el punto era ahorrar en matricería (que es el máximo costo unitario para la producción de un vehículo). El techo, por ejemplo, se fabricaba en dos partes: una delantera con abertura del parabrisas y una trasera con la luneta. Estas partes luego se unían soldándolas a tope (lo lógico hubiese sido por medio de un *joggle* o rebaje, según cuenta Ulrico Kaden) en forma transversal a la altura de la puerta trasera (¡inimaginable hoy día!). Esto era posible en Italia porque Alfa Romeo contaba con unos artesanos formidables para la terminación a mano. En la producción local, al utilizar un pico de autógena muy grande (porque era más rápido) la chapa se ondulaba y lógicamente había que taparla con más estaño. Obtener una buena superficie significaba, evidentemente, más trabajo y más estaño, sin la garantía de un buen resultado final y una pintura perfecta como se obtienen hoy en día.

Estas diferencias de fabricación causaban los problemas de corrosión y de pintura que fueron comunes con el tiempo. De hecho, la pintura nunca quedaba bien porque con el estaño se disimulaban las uniones de chapa.

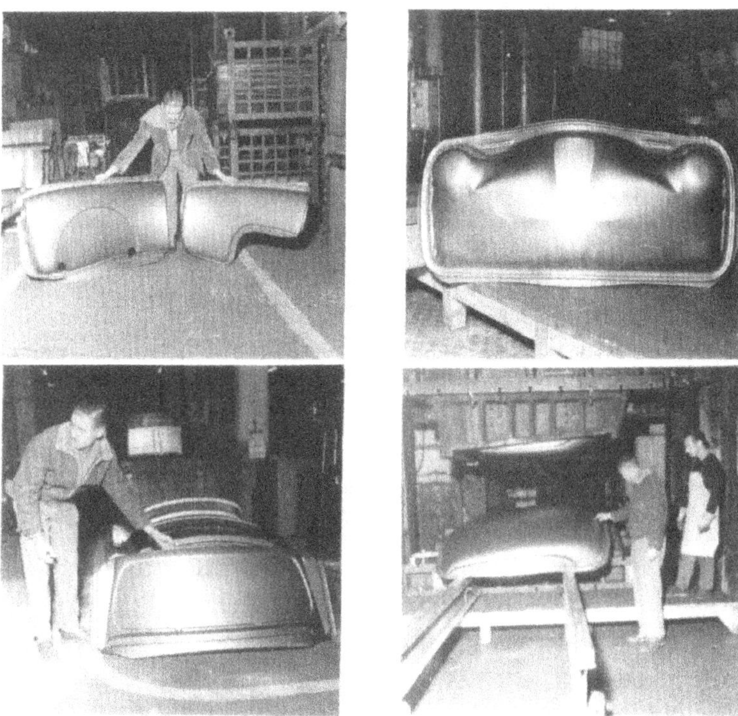

El ingeniero Ulrico Kaden prueba matrices y dispositivos en Alfa Romeo, Milán, 1959. *Gentileza U. Kaden*

Todos los rediseños que sufrió el Alfa Romeo 1900 para convertirse en el Bergantín fueron realizados por la Ingeniería de IKA en Córdoba, que era totalmente independiente y no gozaba de ayuda ni de aprobación de ninguna fábrica madre (aunque Carrozzeria Pinin Farina autorizó que pudiera modificarse la carrocería). Los estilistas responsables de los cambios fueron Ignacio Dasso y su segundo, Jorge Tomadoni. El director de Ingeniería era Carl Olson que más tarde (cuando pasó primero a director general asistente y luego a vicepresidente) fue reemplazado por George Harbert, ex jefe de Ingeniería de Kaiser en Estados Unidos (y anteriormente de GM). Todos los diseños y cálculos fueron ejecutados por un grupo de profesionales entre los que se contaban los ingenieros Alfredo Bascou, Jorge Jovicich, Eugenio Belecz, Jorge Giovannoni, Eduardo Genari, y Guido Perazzolo, así como Miroslav Mayer (que no era ingeniero).[5] Fue el ingeniero Jorge Tomadoni el encargado de "rediseñar la trompa" del auto y el tablero de instrumentos; una de las pocas personas que trabajó en diseño de automóviles en nuestro país. Como dato curioso, también fue el responsable de varios rediseños del Falcon, ya que luego de IKA se halló trabajando desde 1963 para Ford Motor Argentina.

El rediseño del frente (falsa grilla) simplemente disimulaba la parrilla de los tres grandes agujeros que, en la matriz original, alojaban la clásica trompa Alfa Romeo. Y debido a las matrices era que el Bergantín tenía exactamente la misma trompa que *la mille nove*, sólo que al colocársele la nueva parrilla no se veía como era originalmente.

El Kaiser Bergantín, sin quererlo, nació adaptado de antemano a las rutas argentinas. Las numerosas experiencias realizadas con sus prototipos permitieron probar su solidez, excelente motor y perfecta suspensión y estabilidad en las carreteras del país. Entre las características de este vehículo merece mencionarse el ancho de su trocha, 1.335 metros, que lo hizo apto para seguir la huella en caminos de tierra.

En el diseño de las suspensiones se notaba la influencia del estilo europeo, específicamente el de Alfa Romeo, pues se respetaron las originales de la Berlina 1900. La suspensión delantera era casi la original de Alfa Romeo, pero la trasera empleaba elementos de IKA exclusivamente (salvo los resortes helicoidales). El tren delantero era del tipo de trapecio deformable transversal con los brazos superiores e inferiores de fundición de hierro. El brazo inferior llevaba la cazoleta para el elemento de suspensión, que era un resorte helicoidal fijo arriba en una prolongación especial de la carrocería. Dentro de este brazo corría el amortiguador, tubular

---

[5] Miroslav Mayer había nacido en la ciudad de Bania Luka de la actual Bosnia y llegó a la Argentina a los diecisiete años de edad. Años después, mientras su padre trabajaba como conserje en el City Hotel en Buenos Aires, se hospedaron unos americanos de Kaiser y su padre hizo *lobby* a favor de su hijo; se entrevistaron y al poco tiempo Mayer se halló trabajando en Santa Isabel.

hidráulico. El tren trasero mostraba un eje rígido pero con un tipo de fijación, tanto lateral como longitudinal, que lo autorizó a colocarse entre los mejores del mundo. Para fijar un tren trasero del tipo de eje rígido era necesario tener en cuenta que esta fijación no debía tener flexiones o torsiones propias del sistema, que hubieran hecho que el eje no se conservara siempre en la posición correcta con respecto a la carrocería. En el Bergantín fue solucionado este problema de la siguiente forma: longitudinalmente, el eje estaba fijado por dos tensores que iban desde los extremos cercanos a las ruedas hasta dos puntos situados en el piso de la carrocería, por delante del eje.

El desarrollo del Bergantín fue un decisivo entrenamiento para la posterior creación del Torino. Fue el primer auto hecho en el país con circuito eléctrico de 12 voltios. Todo el sistema había sido estudiado y probado localmente, principalmente por el ingeniero Guido Perazzolo –jefe de departamento Electricidad Ingeniería de Producto– encargado del diseño y desarrollo del equipo eléctrico de los vehículos. Sin embargo, cuando salió a la venta se

Marzo de 1960. El primer Bergantín deja la línea de montaje. Charlie Epps, jefe de proyecto (con chomba y pantalón gris) y Bill Heard, Gerente General de Fábrica (de saco blanco). *Gentileza U. Kaden*

produjeron algunos problemas que derivaron incluso en unidades incendiadas. Entonces, IKA convocó a un experto de la Kaiser, Mr. Kelly, que luego de revisar y estudiar no pudo encontrar la falla. Finalmente se descubrió que la causa estaba en el fabricante local de los reguladores de voltaje. Algunos de esos elementos tenían problemas eventuales con el remachado de la "patita" del disyuntor: ésta hacía "sapito" y no despegaba. Así también la temperatura en verano podía llegar a ascender a más de lo aconsejable. En fin, pecados de juventud de una industria local que nacía al compás del empuje de empresas como IKA.

El presidente de la Nación Juan Domingo Perón y el brigadier Juan Ignacio San Martín en un acto en IAME. *Presidencia de la Nación*

Henry J. Kaiser en Honolulu, Hawái. *Kaiser Corp.*

Montaje de un Kaiser Carabela. Fue el primer automóvil fabricado en serie a gran escala en América Latina. *Departamento Fotográfico IKA*

La limusina Carabela carrozada por Carrocerías Gnecco a petición de IKA.
Departamento Fotográfico IKA

James F. McCloud y Juan Manuel Fangio en el primer Carabela fabricado.
Departamento Fotográfico IKA

El Bergantín constituyó un entrenamiento decisivo para la posterior creación del Torino. *Departamento Fotográfico IKA*

Presentación del Bergantín en el Alvear Palace Hotel, Buenos Aires. Juan Manuel Fangio junto a James F. McCloud. *Departamento Fotográfico IKA*

La unidad IKA número 100.000 le cupo a un Bergantín de *luxe* sorteado entre los empleados y que ganó Molina Viamonte. En la foto está Douglas Philip, Manager Assembly Division. *Servicio Fotográfico IKA-Córdoba*

El Ambassador de 1965 fue el primero en incorporar un motor Tornado, que después se mejoraría para equipar a los Torino. *Departamento Fotográfico IKA*

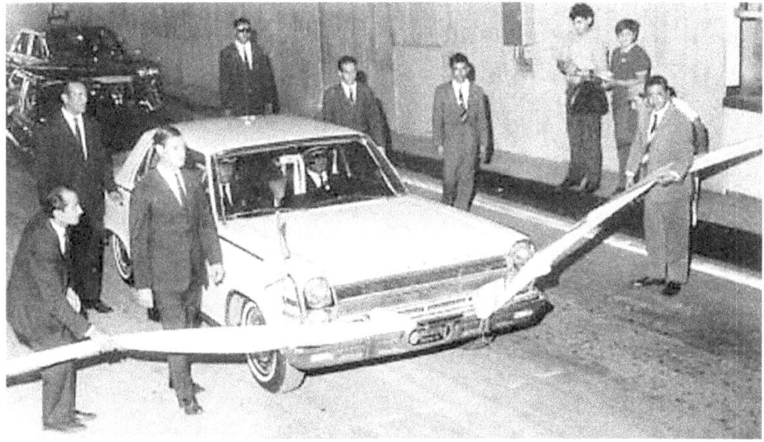

El presidente Juan Carlos Onganía en un Ambassador inaugurando el Túnel Subfluvial que une Paraná con Santa Fe.

Dauphine-IKA 1966 original de fábrica, propiedad del autor.

Línea de Rambler 66. *AMC*

Armado del primer Jeep el 27 de abril de 1956. *Kaiser Engineers*

Exportación de Jeep carrozados a Libia. *Prensa*

Manuel X. Ordóñez conduciendo el Jeep que transporta al presidente de la Nación Arturo Frondizi en su visita a la planta de Santa Isabel, Córdoba. Junto a éste va James F. McCloud. *Servicio Fotográfico IKA-Córdoba*

Rambler American, del que deriva el Torino de IKA. *AMC*

Presentación de la línea Rambler 68 en el Golf Club de Villa Allende, Córdoba. *Servicio fotográfico IKA-Córdoba*

Línea de R4L. *Servicio fotográfico IKA-Córdoba*

En algún lugar de Francia, Juan Manuel Fangio y Oreste Berta charlan apoyados en un R8 Gordini. Ver detalle del Torino 380W, con patente de Capital Federal.

Manuel X. Ordóñez (1927-2011). *Departamento Fotográfico IKA*

A principios de octubre de 1955, Manuel X. Ordóñez se unió a IKA como gerente de Relaciones Públicas y rápidamente pasó a tomar muchas otras responsabilidades en la empresa, además de las de la gerencia a su cargo. Participó en la toma de decisiones de los principales proyectos de IKA. Él, junto con Juan Martín Allende, consejero legal, y Jorge R. Hayzus, director tesorero, se transformaron en los asesores principales de James F. McCloud en cuestiones relacionadas con la administración de los negocios, con la comunidad y los gobiernos.

Era hijo del prestigioso abogado y político Manuel V. Ordóñez (fundador del Partido Demócrata Cristiano) y nieto de Ángel Gallardo. Manuel había nacido el 26 de mayo de 1927 en Buenos Aires. Mientras estudiaba abogacía, participó en la toma de facultades de octubre de 1945 realizada como acto de protesta contra Perón, por lo que fue expulsado de la Universidad de Buenos Aires. Después del intervalo de IKA, retomó los estudios y se recibió de abogado en 1970. Murió en Buenos Aires el 29 de junio de 2011.

5 | En dirección al Vehículo X

La necesidad de un modelo compacto

El directorio de IKA anunció en 1961 que había llegado a un acuerdo con Willys Motors Incorporated, de Toledo, Ohio, y American Motors Corporation (AMC), de Detroit, Michigan, para la fabricación en la Argentina de la línea de automóviles de pasajeros de AMC. El acuerdo incluía la inversión por parte de AMC de varios millones de dólares en Permanente S. A., la empresa financiera de IKA. El anuncio fue hecho conjuntamente por James F. McCloud, presidente de IKA, Stephen Girard, presidente de Willys Motors y George Romney, presidente de AMC.

Los acontecimientos que llevaron a este hito comenzaron en 1960. William Pickett, director de Exportaciones de AMC, había trabajado antes para Kaiser-Jeep Corp. y estaba muy bien informado de la extensión del progreso de IKA. Conocía los detalles del decreto 3.693/59 que el gobierno de Frondizi había sancionado modificando el régimen de importaciones para la industria automotriz argentina, las inversiones que estaban haciendo General Motors, Ford y Chrysler, así como sus planes de producción, y había llegado a la conclusión, al igual que McCloud, de que IKA no sería competitiva en el sector del mercado representado por el Chevrolet, el Falcon y el Valiant si se quedaban sólo con el Bergantín y el Carabela (dos modelos viejos contra tres nuevos). AMC tenía su moderno compacto autoportante, el Rambler, que utilizaba la transmisión Borg-Warner y los ejes Dana, productos que IKA ya producía; también podría utilizar el motor Continental 6L-226, que Kaiser fabricaba en Santa Isabel.

Las negociaciones de IKA con AMC a mediados de 1961 fueron tan rápidas y satisfactorias como anteriormente lo habían sido con Renault, pero no fáciles. La empresa norteamericana líder en "compactos" tenía deseos de ingresar en el mercado argentino con su moderno automóvil, como ya lo estaban haciendo las *"Big Three"*. El acuerdo con IKA resultaba ideal para AMC, ya que no era posible y ni siquiera fiable que AMC ingresara a la Argentina al amparo de ningún decreto por la simple razón de que la inversión de radicación local requerida sería muy grande.[1]

Pero McCloud se encontró con dos caracteres fuertes, Edgar Kaiser y George Romney. IKA necesitaba tanta entrada de capital en la forma de inversión como pudiera obtener para ayudar a cubrir los costos del lanzamiento del nuevo modelo. Mientras que Romney estaba de acuerdo con una inversión sustancial, Kaiser era inflexible en su oposición a que AMC tuviera al principio una amplia posición en el patrimonio neto de IKA. Su preocupación era que, a largo plazo, a través del incremento de inversiones para nuevos modelos u otros motivos, AMC sobrepasara gradualmente el porcentaje de patrimonio neto de propiedad de Kaiser y tomara el control. Sin embargo, en poco tiempo y con la aprobación de Henry Kaiser, se acordó proponerle a AMC una inversión de 1.750.000 dólares en IKA para ayudar a costear la puesta en marcha, recibiendo a cambio alrededor del 3,5 por ciento del patrimonio neto de la compañía. El 24 de mayo de 1961 se firmó el acuerdo de licencia con AMC que establecía regalías, asistencia técnica y apoyo financiero a IKA y Permanente.

El 18 de enero de 1962, IKA inició la producción de los Rambler en las versiones Ambassador 400, Classic Custom y Rural Classic Cross-Country. Hubo opinión unánime respecto de que debían construir el Classic y el Ambassador antes que el Rambler American, que era más chico.

De este modo, IKA se encontraba compitiendo con modelos de las *"Big Three"*, a pesar de la tradicional preferencia del público argentino por los automóviles de estos gigantes. Pero 1962 era el

---

[1] En los años sesenta, la industria automotriz estadounidense continuaba con la caída de las compañías que había comenzado con la Depresión: Kaiser-Frazer, Willys, Studebaker, Packard, Hudson, todos dejaron la escena del auto de pasajeros. Entrando en los sesenta, además de las "Tres Grandes", estaban la American Motors y la Studebaker-Packard. AMC era el resultado de la fusión por absorción de Nash-Kelvinator con la Corporación Hudson Motor Car.

año de los compactos y se veía ganador al producto de IKA, ya que contaba con mejor calidad de terminación y una motorización –si bien antigua– que había demostrado su confiabilidad y óptimo funcionamiento con la Estanciera y el Carabela, principalmente.

En 1965 los modelos de las "Tres Grandes" recuperaron la mayor porción del mercado. El Falcon, por ejemplo, desplazó a la línea Rambler, y aunque ésta fue equipada con el novísimo motor Tornado-Jet, se trataba de coches todavía demasiado grandes y pesados, a los que les faltaban aires deportivos. Un modelo más compacto cubriría la necesidad.

Todos los estudios de márketing indicaban que el público argentino necesitaba un automóvil que dejara de parecerse a los vehículos norteamericanos de entonces. Requería, en cambio, uno que ostentara una personalidad más vernácula. En fin, un auto argentino de soberbia perfección europea: aunque las futuras unidades del Torino respondieron también a una adaptación de la industria local y algunos conjuntos mecánicos fueron extranjeros, su nacimiento es de "pura cepa" argentina ("puro por cruza").

El Rambler American había sido diseñado por el equipo de Richard "Dick" Teague, director de Diseño de AMC. En relación con otros modelos norteamericanos era bastante compacto, ya que medía poco más de 4,50 metros de largo sobre una distancia entre ejes de 2,70 metros. Si bien se trataba de un modelo atractivo, los cambios introducidos por petición de IKA le dieron una connotación de estilo europeo a las líneas originales. Y, por sobre todo, una vocación de vehículo deportivo incomparable en nuestras tierras.

En 1962 llegaron a Córdoba un sedán y un cupé American que fueron completamente desarmados. Los componentes del motor, suspensión, ventanillas, panel de instrumentos, asientos, etcétera, fueron removidos, dejando la estructura del armazón de la carrocería monocasco al desnudo. "Si podíamos desarrollar el auto que teníamos en mente –cuenta James F. McCloud– utilizando éste como base, ahorraríamos una gran inversión en matricería y dispositivos de ensamblaje" (McCloud, [1995] 2015).

Para diseñar el nuevo automóvil –el críptico "Proyecto Vehículo X"–, lo más fácil habría sido que IKA trabajara con Dick Teague o con Howard Darrin, quien había hecho la mayoría de los diseños de Kaiser-Frazer. Pero ante la preferencia del público argentino por los vehículos de diseño europeo, el reconocido carrocero turinés Giovanni Battista "Pinin" Farina, o mejor, Pininfarina, fue la irresistible elección.

Juan Manuel Fangio, como miembro no ejecutivo del Directorio de IKA, ayudó mucho para que Pininfarina aceptara el encargo. Por su amistad con él, Fangio consiguió una entrevista con el empresario turinés que se llevó a cabo en enero de 1964 en la ciudad de Torino, Italia.

Un hermoso día de verano en Buenos Aires es el final del invierno en el norte de Italia, por lo que James F. McCloud y Juan Manuel Fangio aterrizaron en Milán con nieve y hielo sobre el piso. Esperando a Fangio en el aeropuerto estaban sus amigos de la planta de Maserati, quienes le habían llevado un hermoso cupé de la marca para que lo utilizara durante su estancia en la península. La autopista de Milán a Torino es de alrededor de ciento veinticinco kilómetros: recorrida a fines del invierno con hielo en el camino en algunos tramos y Fangio al volante de un Maserati conduciendo a 170 kilómetros por hora es –tal como lo relata McCloud– una experiencia inolvidable.

Departamento de *Styling* de AMC. *AMC*

En la planta de Pininfarina fueron recibidos por su hijo Sergio, quien los llevó a recorrer las instalaciones. La ingeniería y el diseño se hacían en un edificio separado de la planta de carrocería y ensamblaje. En la sección de diseño, las carrocerías sobre las que se operaba estuvieron cubiertas durante la visita.

McCloud y Fangio llevaron fotografías del Ford Falcon para que el diseñador italiano tuviera una idea del gusto del mercado argentino. Las premisas eran tener un auto competitivo con aire deportivo, caja manual y en dos versiones más potenciadas: cupé y cuatro puertas.

Entre junio y julio de 1964, el área de Ingeniería de Producto de IKA estableció las características del nuevo auto.

Características del nuevo auto

- Tamaño mediano, 106 pulgadas entre ejes (2.692 milímetros), 56 pulgadas (1.422 milímetros) de trocha.
- Motor de 2.5 y 3.0 litros de cuatro y seis cilindros con 90/120 caballos de fuerza (sin embargo, los análisis posteriores revelaron como ideal el motor Tornado de seis cilindros que IKA comenzaría a unificar en la línea Rambler y utilitarios desde 1965).
- Caja de cuatro marchas.
- Nuevos diseños para dirección, estructura y suspensión.
- Rediseño completo (*styling*, o estilización).
- Nuevo instrumental y sistema eléctrico.

El 4 de agosto, George Harbert (jefe de Ingeniería de Producto)[2] y Manuel X. Ordóñez (secretario general), por parte de IKA, se

---

[2] En la madrugada del domingo 12 de marzo de 1967, Harbert tuvo un accidente fatal mientras conducía su Ambassador en el camino entre Argüello y Villa Allende, Córdoba. Era un conductor sensacional, tenía un dominio de la máquina asombroso y envidiable, pero, borracho, se salió de la ruta y se "enroscó" contra un árbol muriendo en el acto. Durante el velatorio, la viuda le contó privadamente al ingeniero Tolcachir que desde el viernes anterior al accidente fatal, Harbert estuvo anímicamente alterado porque había recibido la orden de reducir en forma importante la dotación de personal en Ingeniería de Producto (situación que se extendería a toda la empresa).

reunieron con Sergio Pininfarina en Torino para redactar la carta de intención y el día 11 de ese mes, McCloud comunicó el acuerdo. El costo establecido por la estilización fue de cincuenta mil dólares más una regalía del tres por ciento del costo industrial de las futuras unidades a construir hasta la finalización de la producción.

Desarrollado para y por argentinos

Sobre el desarrollo del Torino, McCloud señala que

> La fuerza impulsora para la creación del Torino fue George Harbert. Su primer equipo de línea lo integraron Durward Leeper, ingeniero en jefe ayudante; Eduardo Genari, motores; Miroslav Mayer, suspensión; Jorge Jovicich, carrocería; Héctor Cabrera, sistema eléctrico y Jorge Giovannoni, tapizado. Jorge Malbrán, uno de los mayores expertos en autos que he conocido, trabajó con el equipo como enlace de producción. Pronto, la mayoría del personal de las divisiones de ingeniería y experimental estaba trabajando en el Vehículo X.

En septiembre de 1964, Pininfarina recibió desde Suiza y Austria dos vehículos Rambler American, un modelo de dos puertas y otro de cuatro puertas. Por su parte, el ingeniero Jorge Jovicich viajó a Italia para suministrar la información técnica y asistencia necesarias. En simultáneo se estaban preparando los motores Tornado que iban a equipar los Rambler 1965. Los ensayos se cumplieron a lo largo de cincuenta mil horas de dinamómetros.

En octubre comenzó a ser fabricado en el departamento Experimental un prototipo dinámico con la parte estructural semidefinida para montar las partes mecánicas, principalmente los trenes de suspensión. Aquí se ensayó el primer sistema de resortes helicoidales, barra Panhard y dos semiballestas. Esta suspensión no resultó adecuada por el gran torque que desarrollaban los Tornado de seis cilindros que luego se instalaron.

Los primeros estudios técnicos del Torino en Ingeniería estuvieron a cargo del equipo del ingeniero Raczinsky.[3] Éste le expresó a McCloud su convencimiento de que lo que estaban haciendo era una porquería, que no servía para nada, que nunca iba a ser bueno, y que el futuro Torino nunca iba a triunfar ni se iba a distinguir. Media hora después, el aparato "inquisitivo" de IKA despidió a todos los miembros del equipo, incluso a la secretaria. Les encontraron un lugar en Chile y allá fueron a parar.

En esos momentos, la presión del mercado hace dudar a la Dirección acerca de la conveniencia de esperar el nuevo *styling*. McCloud le escribe a Pininfarina diciéndole que IKA reconsideraba las especificaciones acerca del cambio de estilo exterior para una segunda etapa, que efectuaran todos los cambios del interior y siguieran con la línea del Rambler American sin demoras.

Sin embargo, en febrero de 1965 se hace un reestudio de la situación y finalmente McCloud le reconfirma a Pininfarina la decisión de iniciar la producción con el nuevo estilo exterior europeo en lugar del American y determinan las áreas del coche que serían sometidas a modificaciones. Todas estas marchas y contramarchas se debían a la situación que vivía el país y la empresa en particular. En un año desastroso para la industria automotriz argentina toda –de septiembre a octubre hubo una caída del 25 por ciento en las entregas de fábrica debido a la tambaleante economía del gobierno de Arturo U. Illia y las medidas restrictivas que se tomaron para intentar estabilizarla–, en el mes marzo se firma el acuerdo IKA-SIAM, de complementación industrial en materia de fundición, herramental y matricería. Finalmente, en septiembre de 1965 se transfirió a IKA la tenencia total de acciones de SIAM Di Tella Automotores y en octubre, la dirección comercial.

El prototipo del Torino estaba en Pininfarina, en medio de otros modelos en desarrollo, y cuando el ingeniero Jovicich se presentaba en las instalaciones, se armaba una especie de túnel de lona

---

[3] Raczinsky era un tipo inaguantable; un noble polaco venido a menos que creía sabérselas todas. No se podía hablar con él.

para que pudiera llegar hasta el vehículo sin posibilidad alguna de curiosear en otros modelos.

El trabajo de Pininfarina constó de una reestilización de los paneles exteriores de carrocería para los modelos de dos y cuatro puertas; diseño de asientos, tapizados e interior, panel de instrumentos, paragolpes, grilla y ornamentos exteriores. Esto ocasionaba ciertos problemas, ya que al tener que utilizar la estructura y partes del panel existente, no quedaba completa libertad de acción para el estilo previsto. Por su parte, el gran volumen del motor Tornado requirió un capó más alto que lo que Pininfarina hubiera deseado.

Definida la matricería de las modificaciones de carrocería, comenzó su desarrollo, con un costo previsto de un millón trescientos mil dólares. Esta realización quedó a cargo de la firma Berto & Audino,[4] también de Torino, y constó de los siguientes elementos:

- Nuevo panel de grilla frontal y nueva grilla de estilo Pininfarina, que alojaba, como estándar de producción, dos faros auxiliares de cuarzo-yodo, cuya parte óptica fue diseñada por la firma Carello (con desarrollo argentino).
- Nuevo panel de capó de estilo característico de Pininfarina (recuérdese el frente del Peugeot 404).
- Nuevo panel de techo y nuevas extensiones de techo para el modelo cupé y, como consiguiente, una nueva luneta trasera para desarrollo en Argentina.
- Nuevo panel trasero en ambas versiones.
- Nuevos paragolpes delanteros y traseros, cuyas uñas debían ser diseñadas en la Argentina, con adaptaciones menores (faros traseros y molduras traseras envolventes) en cuanto al resto del

---

[4] Como en Berto & Audino no había ninguna referencia sobre IKA, el ingeniero Jovicich utilizó "como prueba" un ejemplar del *Calendario IKA 1965*, que mostraba los modelos producidos y una vista aérea de la fábrica, entre otras imágenes. Los responsables de Berto & Audino, ex funcionarios de Fiat, sorprendidos e incrédulos del material gráfico, fueron hasta Fiat a hablar por teléfono a Córdoba, Argentina, para corroborar la existencia de IKA. Como aval para una tarea valuada en más de un millón de dólares, consideraron suficiente una carta de intención firmada por Jorge Jovicich y Carl Olson, ¡gracias a que tenían algunos papeles membretados de la empresa!

modelo Rambler American 65 para hermanar con la reestiliza-ción de Pininfarina.

- Suplementos inferiores de los guardabarros traseros para adap-tarse a la nueva línea que marcaban los nuevos paragolpes.
- La nueva suspensión tipo cuatro barras debía dotar al vehículo de un mayor despeje a las ruedas traseras, por lo que es dise-ñado un nuevo pasarruedas interior trasero hermanando el larguero y el travesaño de suspensión trasera. Esta matricería, de porte mediano, se realizó en la Willys-Overland do Brasil.

Algunos detalles del acuerdo con la empresa Pininfarina y de la información técnica para la confección de la matricería se mantuvie-ron confidenciales, sólo conocidos por McCloud, Harbert y Jovicich.

Entre marzo y abril de 1965 se hizo una revisión del primer pro-totipo de dos puertas en las instalaciones de Pininfarina, Torino. En Córdoba, el segundo prototipo comenzaba a dar satisfacciones y se siguieron desarrollando otros elementos mecánicos. El jefe de Ingeniería de Chasis, Miroslav Mayer, viajó a Alemania Occidental para iniciar los primeros trabajos con ZF.

En mayo, James McCloud aprobó dos prototipos en Pininfarina, excepto las uñas de paragolpes. Para ese momento, la suspensión ya tenía forma definitiva, así como la matricería de carrocería. En agosto comenzó el envío de las primeras muestras del tapizado. Además, llegaron a Córdoba siete prototipos de caja de transmi-sión ZF. Ese mismo mes, el ingeniero Eugenio Belecz viajó a Torino con los siguientes objetivos:

- Dar información para los diseños de detalle de piezas de Pininfarina que iban a ser realizados en la oficina técnica parti-cular de Francisco Salomone, ex proyectista de Fiat.
- Supervisar la realización de los *master models* (a cargo de un taller *ad hoc* propiedad de Fratelli Stola) para el copiado de las matrices de las piezas Pininfarina.[5]

---

[5] Según cuenta Alfredo Stola a la revista Ruedas Clásicas (2018), "el ingeniero Horacio Pagani me ha mostrado personalmente su fabulosa IKA 380 W y fue

- Supervisar y asesorar en la firma italiana Berto & Audino para la realización de matricería. Junto con Belecz trabaja en esto el señor Fradegrada, por IKA, bajo supervisión del ingeniero Pietro Pira.

En septiembre de 1965 se definió el *cubing buck* modificado por las piezas reestilizadas por Pininfarina sobre la estructura original de los modelos maestros del Rambler American, llegados a Torino desde Estados Unidos por vía aérea. Y en Córdoba comenzaron a concretarse los tipos de motores que iban a ser utilizados; persiste la idea del motor de cuatro cilindros, 2.5 litros, para el modelo de cuatro puertas, y del de seis cilindros, tres litros, para el de dos puertas.

El *cubing buck* era una especie de rompecabezas de tamaño natural que representaba la carrocería del modelo a fabricar y que era armado en cubos de madera ensamblados hasta representar el auto completo (nada más que la piel del vehículo). Sobre este modelo se iban haciendo las correcciones hasta que todos los ingenieros, proyectistas y demás estaban de acuerdo, y el diseño era congelado ahí. Luego era desarmado y cada cubo servía de modelo para que la fresadora-copiadora desbastara y terminara con la matriz de embutir, por ejemplo, de un guardabarros. Cada cubo era hecho por un artesano utilizando plantillas con las curvas de nivel que eran extraídas de planos. Este sistema ha pasado a la historia, pero el modelo en madera u otro material se sigue haciendo para ver bien la carrocería y hacer las correcciones. Ahora se cuenta con máquinas que escanean toda la carrocería (la *maquette* en madera o *plaster)* en cinco minutos y pasan la información

---

él mismo que me hizo notar que el Modelo Maestro había sido construido en Alfredo Stola e Hijos. Solamente de esa época queda vivo el Jefe de Taller que hoy tiene noventa años y se llama Carlo Bordone. Él recuerda haber trabajado sobre este proyecto que llamaban todos American Motors, junto a mi papá Francesco. Pero debo decir que en la sala de reuniones de la empresa la foto de la 380W ha estado siempre en exhibición junto a otras pocas como la Lancia Lambda, la Lancia Ardea, la Alfa Romeo 2000 y la Isuzu 117. El Modelo Maestro fue realizado en la sede de Via Issiglio 38 en Turín y fue uno de los primeros fabricados en resina."

digitalizada a la fresadora-copiadora para mecanizar el punzón de la matriz de embutir.

Con respecto a la estilización de Pininfarina se efectuó un ajuste menor sobre el ala de recubrimiento de molduras laterales traseras para cubrir una diferencia de longitud en la parte superior del guardabarros trasero.

En noviembre de 1965 se envió a la Argentina toda la información de los *layouts*, dibujos de detalles y *master models*. Antes de fin de año, los *master models* fueron despachados como referencia de la matricería que rápidamente se construyó luego en Italia.

Cuando el diseño definitivo del auto estuvo concluido, el equipo de Pininfarina se ocupó de la conversión de esa pura imagen en matrices capaces de reproducirla en escala industrial, y en Córdoba. El método de copias sucesivas desde el modelo positivo (macho) de madera hasta las matrices hembras de acero azul culminó con un antepenúltimo modelo de macho de material telgopor, que aunque débil permitía retener la forma en arena. El metal fundido achicharra el telgopor, lo elimina por completo, y va tomando la forma de su silueta en la arena de moldear. Las costosas matrices, ahora, muerden la chapa de acero destinada a la carrocería con una presión de dos millones de kilogramos.

En "La Docta" se concretaron todas las búsquedas y los ensayos de los nuevos elementos que integrarán el futuro automóvil.

Presentación Rambler American. *AMC*

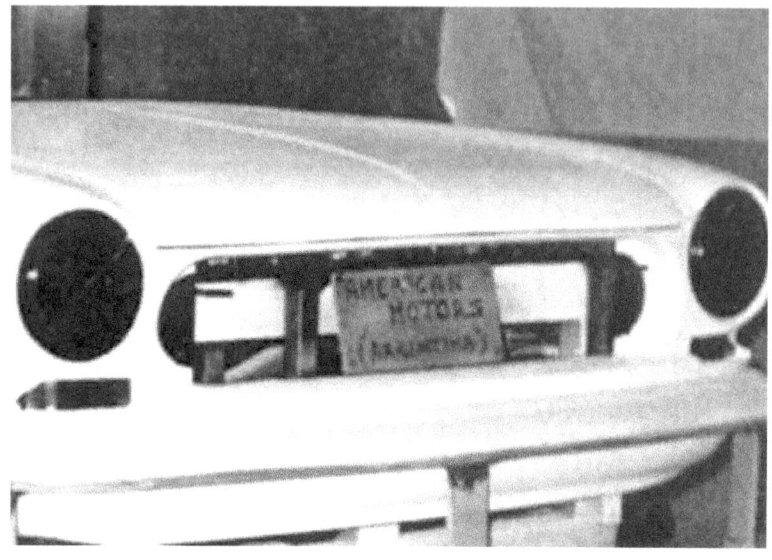

Realización de los Master Models en taller Studiotorino, propiedad de los hermanos Stola, Torino, Italia. *Archivo Familia Stola. Gentileza Ruedas Clásicas*

Esta tarea, realizada con verdadero celo por la división Ingeniería de Producto, tuvo una proyección tan notable en la imagen del vehículo que superaría el atractivo del *styling* Pininfarina.

En febrero de 1966, con la recepción de las piezas-componentes de la reestilización del interior y el exterior, comenzó el desarrollo local, ya sea en la planta misma de IKA o en proveedores especializados. Por ejemplo:

- El primer panel de instrumentos se hizo en Prensiplast S. A.
- Los asientos delanteros y traseros fueron encarados por la firma Delcarlo S. A.
- Los tapizados de puertas y cuarto trasero fueron desarrollados en IKA, ya que poseía la instalación para la soldadura termoeléctrica necesaria.
- El vidrio de la luneta trasera fue hecho en parte en Santa Lucía Cristal.

Asimismo, se derivaron para desarrollo local accesorios menores, como manijas interiores y exteriores, trabas, gavetas portaobjetos, interiores de paneles de revestimientos de techo, cubiertas centrales de panel de instrumentos y tapas de guantera en enchapado natural de madera de nogal (no imitación en plástico), lo que otorgaba un aspecto netamente europeo. Localmente también son realizados los diseños y la producción de los circuitos eléctricos, los instrumentos y los respectivos controles y llaves de accionamiento.

En abril de 1966 se decidió el cambio de motores: Tornado 230 para el modelo de dos puertas y 181 para el de cuatro puertas. Esto significó cambios en las transmisiones y los puentes traseros. El jefe de Ingeniería de Motores, Eduardo Genari, ya había introducido modificaciones fundamentales en los múltiples de admisión y de escape, carburación, válvulas y sistema de lubricación. Esto trajo aparejada una completa transformación en la *performance* del motor. Además, tomó cuerpo la decisión de construir un modelo con tres carburadores Weber y de convertir el automóvil en un modelo de estilo europeo, de alta *performance*, apto para competición.

El ingeniero Guido Perazzolo tuvo una participación directa y variada en el nuevo auto. Cuando comenzó el proyecto, dirigía el departamento de Ingeniería de Electricidad y tuvo a su cargo el desarrollo del equipo eléctrico y aire acondicionado. Algunos aspectos destacables fueron el diseño y la creación del sistema de alta tensión con materiales sintéticos para evitar problemas de encendido y el uso, como equipo original de fábrica, por primera vez en el mundo, de lámparas halógenas de alta potencia instaladas en los dos focos de larga distancia. Estas lámparas eran utilizadas hasta ese momento únicamente en faros auxiliares-accesorios.[6] Además, para obtener un sonido "europeo" en la bocina, ante la escasa variedad de productos locales, se incorporaron tres bocinas que sonaban en forma simultánea, de un modo potente e inconfundible.

Cuando el proyecto entró en la fase de desarrollo de las partes componentes, se generó un descontrol que provocó incertidumbre sobre el cumplimiento de las fechas fijadas. En ese momento, George Harbert ascendió a Guido Perazzolo a gerente administrativo de Ingeniería de Producto para que se hiciera cargo de coordinar el avance del proyecto entre todos los Departamentos de Ingeniería (Chasis, Motores, Carrocería, Tapizado y Electricidad).

En junio de 1966 se realizaron los últimos cambios y quedó totalmente definido y terminado el prototipo experimental del vehículo de dos puertas. Fueron iniciadas las tareas para la construcción de las carrocerías en la planta de Monte Chingolo (ex SIAM

---

[6] Los faros de luces reglamentarias delanteras constan de lentes especiales transparentes para la luz de posición y color ámbar para la luz de viraje. Los traseros constan de cuatro lentes en una sola unidad de color rojo para la luz reglamentaria y de frenado; ámbar para la luz de viraje y transparente para la luz de marcha atrás. El lente restante es un prisma catadióptrico de alto poder de reflexión. Su avanzado sistema de iluminación comprende un equipo de cuatro faros delanteros: dos de ellos son unidades selladas de siete pulgadas de diámetro, ubicados exteriormente, mientras los dos interiores son de cuarzo-yodo, aplicados por primera vez en el mundo. En estos faros, la ampolla de vidrio convencional fue reemplazada por otra de cuarzo que permitía su funcionamiento a temperaturas del orden de los quinientos grados centígrados. En su interior tiene yodo molecular, cuya finalidad es regenerar el tungsteno, que evapora el filamento mediante combinaciones químicas que se producen cíclicamente en condiciones determinadas de presión y temperatura.

Di Tella Automotores), en la provincia de Buenos Aires. En julio, ingenieros de Producto y de Métodos asisten allí técnicamente a la preproducción de las primeras cincuenta unidades. El 29 de agosto, McCloud aprueba la primera unidad y la maneja en la planta bonaerense. La producción de las carrocerías (los demás elementos venían desde Córdoba) comienza el 26 de octubre. El primer modelo es el PF-612 Torino 300. La primera unidad vendida, un IKA Torino 300 (PF-612), de color marfil valencia, salió el 23 de enero de 1967 del concesionario oficial Bertos Hermanos, sito en Caseros 1541, Villa Ocampo, provincia de Santa Fe.

Entre septiembre y octubre de 1966 se realizaron cambios para introducir economías en el interior del modelo de cuatro puertas.

"Piedra libre" para el American ´66.

AMC Eagle. Evolución de los Rambler norteamericanos. *AMC*

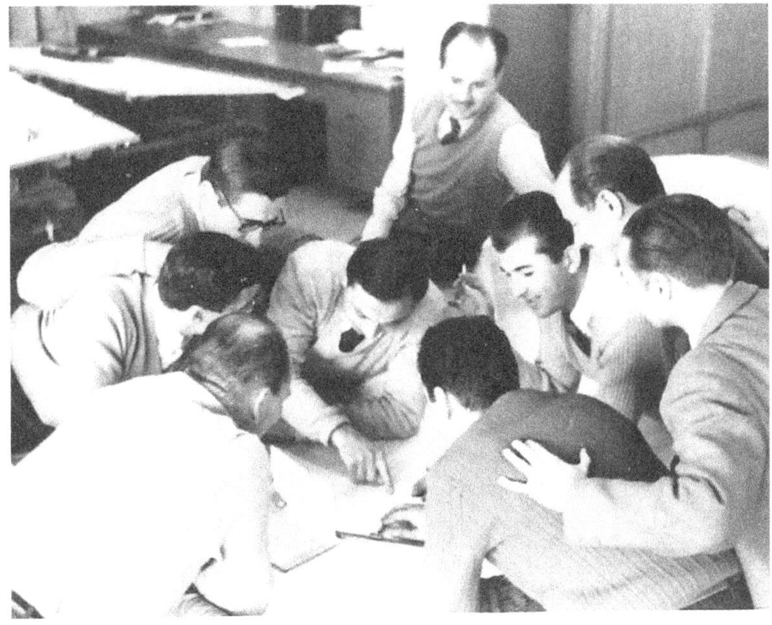

Equipo de chasis de Proyecto Vehículo X. *Gentileza Raúl Tolcachir*

DOCUMENTI DELL'ANNO

Anuario Pininfarina 1967 donde constan los nuevos autos diseñados por la firma turinesa. *Documenti dell´anno. Pininfarina, 1967. Gentileza Ruedas Clásicas*

Richard A. "Dick" Teague (1923-1991).

Nacido en Los Ángeles, California, el 26 de diciembre de 1923, RICHARD TEAGUE se graduó del Art Center College of Design, como diseñador industrial, y trabajó para General Motors (GM), Packard Motor Car Company, Chrysler Corporation y la American Motors Corporation (AMC), donde se destacó por muchos diseños de automóviles: los Rambler Classic, Ambassador, American y los AMC Cavalier, Gremlin, Javelin, AMX, GT, Hornet, Águila y Jeep Cherokee (XJ) entre otros.

Después de la Segunda Guerra Mundial, Teague había comenzado su carrera con un diseño preliminar para el Henry J de la Kaiser Motors, aunque se inició en la GM como aprendiz hasta ser destacado diseñador de Cadillac. El Oldsmobile Rocket también fue obra de Teague. Desvinculado de la GM se unió a Packard como jefe de *Styling* en 1952. Aportó algunos *face liftings* para los modelos de 1953 hasta que llegó el nuevo modelo de 1955, en el que Teague aportó toda su creatividad. En 1957 el equipo de Packard se fue a la Chrysler y allí Teague también fue jefe de *Styling*. En 1959 pasó a la AMC como miembro del equipo de Edmund Anderson y, después del alejamiento de éste en 1961, fue jefe absoluto. Tras una vasta carrera hasta fines de los años ochenta, Teague murió en San Diego, California, el 5 de mayo de 1991.

6 | El Torino, un auto argentino

Nombre e imagen

Córdoba, marzo 9 de 1996

Estimado Jimmy:

Le agradezco profundamente el generoso envío de su libro *The IKA Story*[1] y después de leerlo con emoción, le repito lo que le dije oportunamente a Anita Crinigan:[2] me parece admirable que usted, que nos lideró en la acción, nos vuelva a liderar en los recuerdos.

Leer *The IKA Story* es como ir abriendo las compuertas del dique de la memoria y que los recuerdos salgan como un torrente de una dimensión tan grande que, aun habiendo participado en los hechos, cuesta creer todo lo que se hizo en tan poco tiempo. En la página 193 usted sugiere una duda acerca de quién bautizó el Torino con ese nombre.[3] Hoy, treinta años después, tendré el honor de contarle los detalles de cómo sucedió este hecho, en que usted participó y que muy pocos conocen.

---

[1] En 1995, James F. McCloud hizo una impresión privada no comercial de su libro *The IKA Story*. La edición en español (2015) es de Lenguaje claro Editora. McCloud fue un ingeniero norteamericano que Kaiser Motors colocó como gerente general, director y, finalmente, presidente de IKA mientras dicha corporación mantuvo la gestión de la empresa, hasta 1967. En el libro cuenta en primera persona y con lujo de detalles los motivos que llevaron a Kaiser a instalarse en Argentina, la negociación con el gobierno peronista en 1954, la construcción de la planta automotriz en Córdoba, su puesta en marcha y evolución año tras año. Fue escrito a inicios de la década de 1990, con McCloud ya retirado de su actividad profesional, y apareció publicado en idioma inglés con un tiraje muy acotado en 1995 a través de una autoedición. Resulta una fuente de enorme valor, tanto para historiadores como para quienes se interesan –y apasionan– en la industria automotriz y la industria argentina en general. No existe prácticamente un testimonio desde el interior mismo de una empresa clave de la industria argentina de los años cincuenta y sesenta con su rigurosidad, experiencia y riqueza de perspectiva.

[2] En su momento, jefa de Personal de IKA y Renault en Buenos Aires.

[3] Dice McCloud en su libro: "El vehículo X necesitaba un nombre y alguien –más que probable, Ordóñez– propuso el nombre «Torino» y quedó".

Cuando el desarrollo del proyecto estaba por la mitad comenzaron a aparecer dificultades de coordinación y George Harbert me designó responsable del proyecto por Ingeniería de Producto. Logré encaminarlo adecuadamente y cuando estaba finalizando y en Ventas ya se comenzaba a preparar la campaña publicitaria, los creativos de la Agencia preguntaron cuál era el nombre del nuevo auto y ¡allí se descubrió que no tenía nombre y estábamos a pocas semanas de la presentación! Era un viernes a la tarde y usted llamó por teléfono a Harbert y simplemente le dijo: "Necesitamos un nombre para mañana" (!). George me miró y me repitió la orden. Me fui a casa con el desafío de encontrar, en doce horas, un nombre adecuado.

Éste debía tener resonancias europeas para estar de acuerdo con el nuevo *styling* y por ello surgieron "Corsa", "Monza", etcétera. Luego observé que todos los coches Grand Routier europeos tenían algo en común: un escudo heráldico; y nosotros necesitábamos algo similar. La solución surgió de una tarjeta postal con el emblema de la ciudad de Torino que nos había enviado Jovicich. Allí estaba el escudo que buscaba y el nombre Torino tenía la resonancia de ser la Detroit italiana.

El sábado por la mañana le di a Harbert la lista de nombres posibles y mi opinión sobre la conveniencia de tener un escudo de nobleza. Le gustó la idea y lo llamó a usted por teléfono para preguntarle qué le parecía el nombre Torino. Su respuesta fue instantánea: *"I like it! Go ahead"*. El auto estaba bautizado.

El lunes le expliqué a nuestro *stylist* Teodosio y comenzamos a plasmar los emblemas (una fotocopia del primer boceto se la envié como recuerdo de la reunión, espero le haya llegado). Lo curioso de esta anécdota es que el nombre fue un éxito, pero, ¡oh sorpresa!, el público en general no lo asoció mucho con un escudo de nobleza europeo, sino, con el Toro de las Pampas... en el que no habíamos pensado.

Apreciado Jimmy, fue emocionante ver con qué intenso cariño lo recibió ese estupendo grupo de ex IKA's

como reconocimiento a su magnífico liderazgo, pero,
entre tantas cosas lindas que se recordaron hubo algo
que no se mencionó y que yo quiero decir ahora: TODOS
los que pasamos por IKA durante su conducción tuvimos
la gran oportunidad de mejorar nuestra calidad de vida
económica y social.
POR TODO, MUCHAS GRACIAS.
Un fuerte abrazo,

Guido Perazzolo[4]

El nombre "Torino" fue siempre un tema que estuvo a través del
tiempo sometido a muchas versiones sin haberse comprobado,
ninguna de ellas, como la verdadera. A pesar del testimonio pre-
cedentemente descripto, James McCloud sostiene –en entrevistas
con el autor– que la historia que narra Guido Perazzolo no es
correcta. Jim recuerda una reunión en su oficina, donde se encontraban presentes George Harbert y Manuel X. Ordóñez, en la que
surgió el tema: el "Vehículo X" necesitaba un nombre. Ordóñez
propuso que lo llamaran "Torino". Por su parte, M. X. Ordóñez
(amigo personal del autor) reconoció siempre no recordar muy
bien cómo fue la situación, aunque creía que había sido tal como
dijo McCloud.

Jovicich relató alguna vez que, a su regreso de Turín, trajo una
hoja arrancada de un libro de historia de la ciudad piamontesa que
le dio alguien del equipo de Pininfarina. Y el símbolo de Turín, o
Torino, es un toro rampante con bolas. El modelo, castrado, fue
redibujado por el estilista Teodosio en Córdoba. El testimonio de
Jovicich habla de una página arrancada de un libro y Perazzolo
dice que fue una postal que había enviado Jovicich.

Si nos remitimos a los anexos documentales de esta obra,
podemos ver que Giovannoni planteó el tema a McCloud y éste
insistió en sus dichos con las mismas palabras que manifestó al
autor. Por otra parte, en el documento "Suspensión–Frecuencia

---

[4] Carta enviada a James McCloud según copia enviada al autor por el propio
Perazzolo en julio de 2001.

de Oscilaciones–Centros de Oscilación", fechado el 15 de abril de 1966, al vehículo ya se lo denominaba "Rambler-Torino". Es decir, mucho antes de las "pocas semanas para la presentación" que relata Perazzolo.

El nombre "Torino" era desde antes una marca registrada en la Argentina, pero no para uso en un producto automotor, sino de bicicletas, fabricadas por Cycles Motors. Sin embargo, el asunto llegó a la justicia argentina, la que resolvió que, aun cuando en Torino hubiera multitud de fábricas de automotores, tal denominación no se hallaba impedida de ser registrada como marca de un auto, por la sencilla razón de que no existía una coincidencia caracterizante entre el vehículo automotor y el nombre de la urbe.[5] Si la demanda hubiera triunfado, tendrían que haber cambiado el nombre, y el auto con motor de siete bancadas no se hubiera llamado "Torino", por estar reservado para bicicletas.[6]

Con respecto al escudo, según cuenta Luis Melnik,[7] en la ciudad de Torino hay una estatua que rememora el origen taurino de la ciudad. Es un toro rampante con sus atributos colgando donde corresponde, que el tiempo ha pintado de verde oscuro con su pátina irremediable. Se cuenta que la tradición sugiere a las mujeres que deseen tener una maternidad feliz acariciar los testículos del toro, los que, por haber sido manoseados por siglos, brillan como si fueran de oro. El diseño del toro de Torino respeta

---

[5] Sentencia de la Cámara Nacional Federal Sala II, civil y comercial, del 4 de diciembre de 1970, ED 41-185.

[6] De hecho, Ford Motor Company, unos pocos años después, produjo en sus líneas de montaje de Estados Unidos el modelo "Ford Torino", que cuando comenzó a fabricarse en Argentina, en 1969, pasó a llamarse "Ford Fairlane".

[7] Melnik ingresó a IKA cuando tenía veintidós años, en abril de 1955. Fue el primer empleado cordobés. Tras realizar trabajos de oficina, pasó a encargarse de recibir los inmensos cajones que traían las máquinas gigantescas desde Estados Unidos y ordenar su despacho a la planta según un plano provisto. Después ingresó a la planta de Motores, cuyo jefe era Robert Beens. Su última asignación en Córdoba fue en Entrega Directa a Clientes. En 1965, IKA lo trasladó como gerente de Promoción de Ventas a Buenos Aires; su jefe era entonces Robert Fischer. Melnik se fue de IKA en marzo de 1968 e ingresó en Chrysler, donde ascendió a director y permaneció por quince años. Posteriormente ocupó el mismo puesto durante tres años en Volkswagen.

El Torino S versión Pininfarina. *Aviso publicitario*

la figura de la estatua, estilizada y refinada por los diseñadores. Durante largas jornadas, la plana mayor de IKA discutió acaloradamente si debían o no cortarse los testículos del toro. Ganó el grupo castrador y el furioso, potente, Torino se alza rampante... sin sus bolas.

El lanzamiento del Torino constituyó un gran acontecimiento, pues era el primer auto moderno diseñado y fabricado en el país. Aunque las malas lenguas traten de sostener que el Torino "no fue un auto argentino", esto no es cierto.

Como con tantos diseños de Pininfarina para Ferrari, Peugeot, BMC, etcétera, así como los de otros diseñadores de diversos lugares para automotrices radicadas en otro suelo, el Torino no fue la excepción a la regla: se partió de la base de un modelo norteamericano que, extremadamente modificado, se fabricó bajo licencia. Y a pesar de que, a simple vista, se nota el *family feeling* de AMC, sólo unos pocos estampados, como las puertas, no se modificaron. Fuera de eso, el interior es típicamente el diseño Pininfarina para las Ferrari producidas entonces, y tanto la motorización, la transmisión (alemana pero también usada por muchas otras terminales extranjeras), las suspensiones, el circuito eléctrico, como el comportamiento dinámico del auto fueron desarrollados en parte importante en Córdoba. El Torino no tuvo par en el mundo. Fue en el único país donde se produjo. Tres años de intensas pruebas lo lograron.

Lo cierto es que "el Torino fue creado ciento por ciento en el Departamento de Ingeniería de IKA" –tal como el mismo

McCloud le manifestó al autor– para tener un vehículo de tamaño que pudiera competir con el Falcon y el Chevrolet. La única parte del Rambler American que utilizaron en el diseño fue la estructura de la carrocería. Pininfarina hizo el estilo de los estampados sobre la estructura e IKA hizo el diseño de las matrices para los estampados, la creación del motor Tornado y su adaptación al vehículo, la suspensión, el diferencial, etcétera. Cuando consiguieron armar el auto,[8] se hicieron tres años de pruebas y desarrollos en Córdoba. Además, fue la primera ocasión en que se hizo un estudio de marketing previo, algo inédito para la industria automotriz nacional en ese entonces.

Dijo McCloud:

> El Torino fue el primer vehículo completamente desarrollado y construido en la Argentina, y fue el auto que más sensación causó de todos los que se fabricaron en mi época. Yo viajé con Fangio a Italia para contratar al diseñador Pininfarina. Fue su último diseño antes de morir. La ingeniería del desarrollo de las partes del coche, el motor, la transmisión, el estampado, todo eso es argentino.[9]

Sistemas

Más allá del *styling* del vehículo, todo el desarrollo, como se ha dicho, se hizo en la Argentina, en Córdoba en particular. Ya desde junio de 1964, Raúl Tolcachir, también ingeniero del proyecto, estaba a cargo de todo lo que concernía al chasis, es decir, tren delantero y trasero, frenos, dirección, suspensión, resortes, amortiguadores, neumáticos, etcétera. A diferencia del Rambler American,

---

[8] Originalmente, la Secretaría de Industria y Comercio aprobó planes de producción para el año 1966 como Rambler PF-612 (4.060 unidades), Rambler PF-611 (1.360 unidades) y Rambler PF-621/622 (9.532 unidades). Claro está que aún el auto no estaba homologado por la Federación Internacional del Automóvil (FIA) para llevar la denominación con la que fue lanzado.

[9] En *Renault en la Argentina. 50 años en movimiento*, 2005.

el Torino sería un vehículo con carácter netamente deportivo y para lograrlo, debía trabajarse muy bien en todos estos aspectos, especialmente, en la tenida en ruta, otorgando un correcto y destacable funcionamiento a un vehículo *sport* inspirado en los autos europeos y no en los norteamericanos.

Tal vez existiera una falta de capacitación y eficiencia en el equipo de ingenieros, por no haberse desarrollado nunca antes en el país un automóvil de esta envergadura. El trabajo fue arduo y difícil, pero, como caracterizaba a IKA –en este caso, al área de Ingeniería, con George Harbert a la cabeza y Miroslav Mayer como jefe de Departamento de Chasis–, las cosas resultaron bien. En aquel entonces, todo el desarrollo se efectuaba mediante lápiz y papel; por ejemplo, en la suspensión, el trabajo de simulación de prototipos, diferentes piezas, y los cálculos se llevaban a cabo mediante la famosa regla de cálculo y diferentes programas.

Con su equipo de ingeniería de Fric-Rot, el ingeniero Raúl Gómez (quien fuera el "padre" del Rastrojero) colaboró desde los primeros hasta la última definición de los amortiguadores del Torino. Entre Gómez y el equipo de ingeniería de chasis de Santa Isabel también hubo intercambio de información técnica sobre suspensiones en cuestiones como rigidez de resortes, frecuencia

Puesto de mando. Perfección europea.

de oscilaciones, centros de oscilación del vehículo. Ambos equipos compartieron las pruebas en el vehículo prototipo de variantes de las cargas del amortiguador (tanto en Córdoba como en Rosario, donde estaba Fric-Rot), hasta la definición final. El equipo cordobés aceptó la sugerencia de Gómez de utilizar la línea de 13/8 pulgadas en lugar del 1 1/8 pulgadas. En esos tiempos, Fric-Rot S.A. trabajaba con licencia "Gabriel" de Estados Unidos.

En el tren delantero no se utilizaron piezas del American. Sí, en cambio, por disponibilidad de herramental y unificación de piezas, se usaron los brazos inferiores y superiores más el soporte de punta de eje del Rambler Classic. La cazoleta de apoyo inferior de resorte fue una pieza nueva, ya que fue necesario desplazar el resorte hacia el interior. También se agregó una barra antirrolido que no utilizaban ninguno de los Rambler, incluido el American.

Si bien no todos los cálculos, proyecciones y desarrollos causaban complicaciones, había algunos que sí, como las suspensiones, el comportamiento en ruta y la estabilidad del vehículo, que sin dudas eran elementos importantes e imprescindibles para el correcto funcionamiento general.

En el caso del tren trasero llegaron a proyectarse (con Tolcachir como responsable) tres tipos diferentes, partiendo de la base de un eje rígido siempre, sin pensar en ruedas independientes porque era muy caro. La primera versión fue de dos elásticos y medio longitudinales como elemento de anclaje y una barra transversal Panhard con resortes helicoidales y amortiguadores telescópicos. La segunda versión tuvo cuatro barras longitudinales, dos inferiores y dos superiores, también con una transversal tipo Panhard y resortes helicoidales. La última, y la que finalmente se impuso por su comportamiento, tuvo cuatro barras, dos longitudinales inferiores y dos superiores centrales y oblicuas, con resortes helicoidales. Esta suspensión, que resultó la más adaptable y la más adecuada al vehículo, tuvo sus complicaciones durante el desarrollo, sobre todo por el aumento de la potencia del motor Tornado. El grupo motor-caja debió ser desplazado doscientos milímetros hacia atrás, ya que fueron necesarias algunas modificaciones en la dirección y el eje trasero.

La configuración de la suspensión trasera requirió mucho trabajo y pruebas. Miroslav Mayer probó varias combinaciones de amortiguador, resorte helicoidal y aplicaciones de barra articulada sobre el eje rígido.[10] El diseño final logrado fue obra entera del Departamento de Ingeniería IKA. A continuación, el expatriado Durward Leeper comenzaría sus trabajos como "ingeniero en jefe ayudante", como bien señaló McCloud.

Leeper llegó a la Argentina a fines de 1965. Este norteamericano fue un excelente ingeniero y mucho mejor ser humano. Si bien su incorporación al equipo fue cuando ya el proyecto estaba avanzado, comenzó a trabajar en Ingeniería de Producto en temas técnicos del futuro auto. En tiempos de Lucien Combes continuó pero como ingeniero ejecutivo y luego durante la dirección del ingeniero Quignard, quien sucedió a Combes y reorganizó el área en tres divisiones: ingeniería mecánica al mando de Leeper, ingeniería de carrocerías al mando de Jovicich y el departamento de experimental al mando de Jesús Peón, que llegaría a ser presidente de Renault Argentina.

Los trabajos en la suspensión del Torino comenzaron en junio de 1964 –según la memoria del ingeniero Tolcachir–, a cargo de él y de Horacio "Pelado" König, dibujante proyectista. Se proyectaron y ensayaron las siguientes variantes:

- Dos medios elásticos más barra Panhard.
- Cuatro barras longitudinales más barra Panhard.
- Cuatro barras, dos longitudinales y dos diagonales a cuarenta y cinco grados.

La última fue la que mejor desempeño tuvo en ensayos de vehículos, un tanto inspirada en la del Bergantín (que conservaba la del

---

[10] McCloud dice que "la solución final fue el equipo de cuatro barras articuladas que dio Durward Leeper y con la que él había experimentado en sus días en GM. Ésta era mucho más simple que las otras alternativas y probó ser muy efectiva. El diseño final de la suspensión delantera incorporó barras antivibración que fueron innovación". En rigor, es correcto lo que dice, pero no fue Leeper quien lo hizo. Para cuando Leeper se incorporó a IKA, a fines de 1965, la suspensión ya tenía forma e incluso a él lo llevaron a probarla en un prototipo para que viera cómo había quedado.

Alfa Romeo 1900), aunque –hay que reconocerlo– la Panhard lateral resultó un incordio para darle lugar al tanque de nafta, ya que la cola del Torino es más corta que la del Classic.

Las definiciones debieron tomarse sobre finales de 1965: tanto la suspensión trasera como la delantera, la dirección, la barra antirrolido, los mecanismos de comando, el escape, resortes de suspensión, etcétera. Entre esa fecha y primeros meses de 1966 se efectuaron, bajo la supervisión del ingeniero Pedro Palma, las siguientes especificaciones: dibujos de las piezas con número de parte, dimensiones, materiales, normas técnicas, etcétera, y su emisión correspondiente. En la tarea trabajaron, entre otros, dibujantes como el "Gringo" Manera, el "Flaco" Cáceres y el "Chino" Verasay.

La preserie de cincuenta vehículos se realizó en la planta BMC (ex Di Tella) en Monte Chingolo, donde comenzaron a fabricarse las carrocerías y se procedía al montaje final de todo el resto que iba desde Córdoba, a mediados de 1966. A continuación siguieron los ensayos de *performances* mecánicas y de durabilidad hasta fines de 1966.

Los últimos cambios que se incorporaron a consecuencia de haberse motorizado al cupé con el OHC-230 (155 HP) fueron el reemplazo del diferencial Dana 30 por el 44 y la modificación del escalonamiento de la caja ZF por uno más corto, que pudo materializarse rápida y fácilmente, utilizando algunos herramentales de la ZF definida para los utilitarios.

También, y ya sobre el inicio de fabricación en la planta de Santa Isabel, hubo que cambiar la dimensión de los amortiguadores, pues se desinflaban en el manejo en malos caminos por calentamiento excesivo. En mediciones sofisticadas tocando con la mano el cuerpo del amortiguador, se pasó del 1-1/8 (28,6 mm) al 1-3/8 (35 mm) gracias a la gran colaboración del ingeniero Raúl Gómez.

A diferencia de lo que relata McCloud, los ingenieros Tolcachir, Daniel Balian y Santiago Stievenazzo, únicos hoy sobrevivientes del proyecto, no recuerdan la participación de Leeper en las suspensiones y en las demás áreas del chasis. Sí eran frecuentes las visitas del jefe Harbert. Quizá el desconocimiento inicial del castellano limitó la actuación de Leeper en los primeros meses de su llegada.

Harbert logró que los equipos de trabajo en el Proyecto Vehículo X se mantuvieran en comunicación estrecha: carrocería, tapicería, electricidad, motores, chasis y experimental. Personalmente, él tenía un estilo de comunicación vertical y también horizontal, lo que permitía conocer claramente el objetivo.

En rigor, el prototipo no doblaba como los ingenieros querían. Era muy pesado adelante por el motor (unos 230 kilogramos) y no obtuvieron avances importantes con la geometría del eje trasero –al que cruzaron en sentido opuesto al giro del vehículo para hacerlo sobrevirante–, entre otras razones, porque la barra antirrolido que se le puso adelante limitaba el rolido del vehículo, que fue en cuanto a estabilidad y "tenida en ruta", pero el eje no se cruzaba mucho.

Los trabajos sobre la dirección –cuenta Raúl Tolcachir en charlas con el autor–, saliéndose de la geometría teórica del Ackermann para que la rueda exterior doblara más, no aportaron nada.[11] Una mejora razonable probada fue usar presión de inflado de los neumáticos delanteros de cuarenta libras pero contraria al confort de la suspensión, incompatible con la "tenida en ruta" y el desgaste anormal de los neumáticos.

Tolcachir, en un artículo técnico, se informó sobre las diferencias entre neumáticos de telas cruzadas, que eran los que se usaban hasta entonces, y los radiales sobre tres aspectos destacables: flexibilidad (confort), resistencia de avance y ángulo de deriva. Lo último era considerablemente inferior en los neumáticos radiales comparados con los convencionales. Rastreando las Michelin X –las más conocidas–, que no encontraron, por casualidad consiguieron cuatro Dunlop SP 41 radiales en medida 165 x 15 en la gomería Berelejis Hermanos en Córdoba.

---

[11] La función de Ackermann es una función matemática recursiva encontrada en 1926 por Wilhelm Ackermann. Tiene un crecimiento extremadamente rápido, de interés para la ciencia computacional teórica y la teoría de la computabilidad. Hoy en día hay una serie de funciones que son llamadas funciones Ackermann. Todas ellas tienen una forma similar a la ley original la función de Ackermann y también tienen un comportamiento de crecimiento similar. Esta función toma dos números naturales como argumentos y devuelve un único número natural.

Primer prototipo denominado "Rambler-Torino" que se construyó. Nótese el equipo de aire acondicionado de Ambassador que finalmente no se ofreció en catálogo. *Gentileza Guido Lucio Perazzolo*

Y allí estaba el eslabón débil de la cadena: el vehículo cambió totalmente. Infelizmente, esos neumáticos no se producían en el país y, por las reglamentaciones de contenido nacional, solamente pudieron usar los neumáticos 7.35 x 15 de telas cruzadas, aproximadamente por dos años, según la memoria de Tolcachir.[12]

Poco después de finalizada la definición de la suspensión trasera de cuatro barras, llegó a manos de equipo de chasis un diseño de soporte papel en escala 1:1 (a través del representante de AMC en Córdoba, el ingeniero Knight) de una suspensión equivalente a la local que se llamaba *"rear suspension – four link bar"*, consistente en un eje rígido con brazos estampados, destinada a la línea de Rambler Classic de AMC. En cambio, los American que llegaron a Córdoba como prototipos, todos tenían eje rígido trasero con elásticos del tipo ballesta.

En mayo de 1964, Jim McCloud y M. X. Ordóñez se dirigieron a Alemania Occidental para iniciar las negociaciones con la fábrica de engranajes ZF (Zahnradfabrik Friedrichshafen) por el sistema de transmisión de la caja que equiparía al nuevo auto, elegida por ser la mejor del mundo. El feliz resultado fue la aprobación de una sublicencia de IKA con Oerlikon, el fabricante de armamento y maquinaria suiza, que tenía una licencia exclusiva en la Argentina para los productos de Zahnradfabrik.

La antigua caja de velocidades de IKA (Borg-Warner), de tres cambios con la primera marcha no sincronizada, era obsoleta. Pero incluso la moderna, eficiente y espléndida ZF de cuatro velocidades sincronizadas, durante su puesta a punto trajo complicaciones, ya que originariamente este sistema de transmisión había sido adaptado para un motor de 3.0 litros de cilindrada. El Torino, con una mayor capacidad cúbica, hacía que esta caja con

---

[12] No había neumáticos radiales de producción nacional, pero los automóviles tampoco se podían equipar con versiones importadas porque IKA se excedería en el contenido de material importado permitido en el vehículo, cubierto con los tres carburadores Weber de Alfa Romeo, italianos. Por ello, en los primeros vehículos fabricados se indicaba en una calcomanía adherida al taquímetro que para altas velocidades se usaran cubiertas de alta *performance*. Éstas debían ser importadas, por lo que los concesionarios ofrecían Michelin o Pirelli Cinturato.

una relación de primera marcha muy corta, no se adaptara a la potencia y al carácter deportivo del auto; era necesario hacer una relación de primera marcha más larga y una progresión geométrica corregida.

La transmisión adquirió su forma propia en los papeles antes de que las cajas de velocidad alemanas fueran probadas en un prototipo. Optar por la ZF significó para IKA una inversión de dos millones y medio de dólares en concepto de patentes, matrices y herramientas. Ese dinero engrosó las arcas de un pueblo situado sobre el Lago Constanza (Alemania Federal), al cual el ejército francés "regaló" su fábrica principal, la ZF, luego de la Segunda Guerra Mundial.

Por otra parte, la motorización más potente hizo que se presentaran problemas en la transmisión, lo que derivó en que el diferencial del eje trasero Dana 30 fuera reemplazado por un modelo Dana 44. En cuanto al motor se optó por uno que IKA ya estaba fabricando desde 1965, el Tornado OHC, originario de la Kaiser-Willys. Se tornó ideal aunque estaba destinado fundamentalmente a vehículos utilitarios, ya que había sido desarrollado en Estados Unidos por la Kaiser para equipar a la línea Jeep y en Argentina se lo utilizaba tanto en el Jeep Gladiator como en la Estanciera, además de la línea Rambler. Los ingenieros de IKA lo rediseñaron para mejorar su *performance* y poder equipar así un automóvil deportivo como sería el Torino, haciendo la correspondiente adaptación a la carrocería, ya que no fue sencillo alojar el Tornado dentro del compacto Torino.

El gerente de Producción de IKA, Marcelo Ordóñez –hermano de Manuel–, le contó a la revista *Primera Plana*:

> Mientras unos se preocupaban de equilibrar el peso del coche (ahora el 52 por ciento se apoyaba sobre las ruedas delanteras), otros debían cuidar que la varilla de aceite fuera accesible. A veces, Jovicich pretendía un capó tan bajo que el motor hubiera debido funcionar sin filtro de aire, y hasta hubo que telegrafiarle una vez a Pininfarina para avisarle que, tal como iban las cosas, el radiador iba a tener que ir varios centímetros por delante de la parrilla.

Ingeniería había procedido con los muchos cambios que le estaban haciendo al motor Tornado, su adaptación al auto, suspensión, electricidad, y otras áreas. Malbrán, ex conductor del equipo Jaguar, luchó por el logro de una distribución exacta 50-50 del peso desde la parte frontal hacia la trasera. Esto requirió el cambio de diseño del parallamas para poder mover el motor atrás y obtener el desplazamiento de peso que era necesario.

Las ruedas delanteras fueron equipadas con frenos de disco. Con frenos a tambor de centraje propio, las traseras. Una unidad de servoasistencia fue diseñada para incrementar la potencia de frenado. El único lugar donde podía ir el servo era en el compartimiento del motor y, para aflojar el espacio allí, la batería fue trasladada al baúl, lo que ayudó a acercarse tanto al 50-50 dictado como fuera posible, recurso no ortodoxo pero de buen resultado. Años más tarde, la batería fue devuelta al vano motor.

Los Torino eran autos potentes y buenos frenos eran esenciales. Conducir por la noche en caminos rurales era una empresa riesgosa. Ganado vacuno, ovejas y caballos vagan a veces por las rutas, por lo tanto, buenos frenos y visibilidad son doblemente importantes. Se diseñaron los faros con lámparas de cuarzo-yodo auxiliares en la parrilla para ser operados por un interruptor separado, de modo de poder encenderlos independientemente de las luces altas y evitar encandilamientos.

Mientras Oreste Berta trabajaba en los autos destinados a competencias,[13] Gustavo Flinta torturaba cada parte del Torino, en la División Experimental, con aparatos de sacudir elásticos, machacar resortes, subir y bajar miles de veces una ventanilla y, en fin, mortificar cada pieza hasta llegar al borde mismo de su resistencia.

Las modificaciones fundamentales del motor fueron realizadas en la tapa de cilindros y los múltiples de admisión y escape. Así se logró que el Tornado-Interceptor, como fue denominada la nueva versión, desarrollara una potencia de 155 caballos de fuerza (HP) SAE (por Society of Automotive Engineers), en su versión de 230

---

[13] Sobre el desarrollo deportivo del Torino, área en la que reinó Oreste Berta durante todo el período, ver el capítulo 9.

pulgadas cúbicas y un solo carburador de doble boca (Holley 2300 o luego Carter ABD), y 176 HP en su versión con tres carburadores horizontales de doble cuerpo Weber 45 DCOE 17. También fue construida la versión de 181 pulgadas cúbicas que equipó a la versión más económica del Torino cuatro puertas (anteriormente, en la primera versión de la Estanciera Tornado). Con tres carburadores de doble cuerpo, en el modelo 380W, se alimentaban los seis cilindros del motor Tornado-Interceptor en forma perfectamente equilibrada, distribuyendo la exacta cantidad de aire-nafta. Cada carburador tenía doble boca y cada una abastecía un cilindro, de manera individual. Por eso, en el motor Tornado-Interceptor con equipo Weber la mezcla se aprovechaba en su totalidad. Con la eliminación del múltiple de admisión, por estar conectados los carburadores directamente a los respectivos cilindros, se producía un menor recorrido de la mezcla, disminuyendo la resistencia (más fácil respiración) y evitando condensaciones en las tuberías.

El sistema de escape y silenciador (proveniente de una firma cordobesa) fue otro problema, o mejor dicho, todo un desarrollo, ya que el motor muy potente, y más aún en el 380W, tornó necesario un silenciador mayor, todo conforme al buen funcionamiento de este sistema, agradable sonido y normas antipolución.

Para la construcción del sistema de escape y silenciador, en Santa Isabel se contó con la ayuda de Pedro L. "gordo" Bronemberg, dueño de Corsa S. R. L. (ya desaparecida, al igual que él), en ideas y construcción de prototipos. También con él se compartieron pruebas en vehículos a fin de definir el sonido peculiar y la menor restricción (pérdida de potencia) requeridos.

El árbol de levas a la cabeza dispuso de ventajas importantes respecto del de ubicación lateral, con las válvulas a la cabeza y las virtudes de las cámaras de combustión hemisféricas. Estos aspectos señalaron evidentes ventajas del motor Tornado OHC-181 en comparación con el del Ford Falcon Futura. Pero las diferencias no van más allá del aspecto del diseño, ya que ambos grupos motores tienen similares características. La potencia era de 116 HP para el modelo de Ford y de 115 HP para el de IKA. Inclusive, los regímenes de rotación correspondientes a los esfuerzos máximos no presentaban variantes: cuatro mil revoluciones por minuto para el

Ford y cuatro mil doscientas para el Tornado. Podría pensarse que el motor Tornado desechaba las ventajas de diseño de su tapa de cilindros. Ahora bien, en caso de utilizarse ambas plantas motrices para propulsar autos de competición, el OHC-181 llevaba las de ganar, porque el árbol de levas a la cabeza y las cámaras de combustión hemisféricas le otorgaban posibilidades de "llenado" superiores a las del motor Ford.

El Torino 300,[14] un lindo auto bastante más compacto que el Rambler, utilizaba el Tornado OHC-181 que figuraba en la más reciente versión de la Estanciera –a la que le hacía usar "mucha caja" porque el Tornado chico "tiraba arriba"–, pero con la misma caja ZF del dos puertas, en este caso con la palanca de cambios alojada en la columna de dirección.

El Torino 380W ostentó el título del "auto más potente del país". El par motor era superior en un kilográmetro (kgm) al del Dodge GT, porque obtuvo su potencia vía tres carburadores Weber de doble boca que otorgaban una casi perfecta emulsión aire-nafta y permitía que la curva de torque fuera más regular y se ubicara a menor número de revoluciones. En cambio, el motor Dodge sólo dispuso de un carburador Carter de doble boca, lo que determinaba que el caballaje debiera conseguirse mediante el aumento del régimen de revoluciones y cruce del árbol de levas, factores ambos que influyeron en forma negativa en el logro de un buen motor. Las pretensiones del Chevrolet Super Sport iban más allá, ya que con 150 HP se colocaba en la misma categoría del Torino 380, que tenía 155, pero debajo del 380W.[15] Esta última versión se convirtió en el primer auto de fabricación nacional en alcanzar los doscientos kilómetros por hora.[16]

---

[14] El Torino 300S (OHC-181) con 122 HP, relación de compresión de 7,2:1 y puesta a punto para el empleo de nafta común, alcanzaba 163,63 kilómetros por hora, con una aceleración de 0-100 kilómetros por hora de 14,8 segundos (*road test* de la revista *Parabrisas Corsa*).

[15] El Torino 380 (relación de compresión de 7,5:1) alcanzaba los 181,818 kilómetros por hora, con una aceleración de 0-100 kilómetros por hora de 12,08 segundos (*road test* de la revista *Automundo*).

[16] En la *road test* del 380W de la revista *Parabrisas* se alcanzaron 199,390 kilómetros por hora. La aceleración de 0-100 kilómetros por hora fue de 10,03 segundos.

El mayor exponente del Torino: Fangio y un cupé 380 frente a su concesionaria de Capital Federal. *Archivo Clarín*

Interior del sedán modelo "S" para la línea 1970. *Franco Cipolla*

La idea de la versión 380W fue pura y exclusiva de Oreste Berta. Sin embargo, ya en 1965 en Carlsbad, California, Brian Chuchua había equipado un Jeep CJ-6 de motor Tornado con tres carburadores Weber 45 DCOE 9 con el que corría en el NHRA Drag Race. El Jeep supuestamente había sido especialmente equipado así para "E /Modified Production" aunque Chuchua había armado otros tipos de autos tuning antes de que la NHRA los prohibiera. Nótese que el múltiple es distinto al equipado en los Torino. *Jp Magazine*

Jp

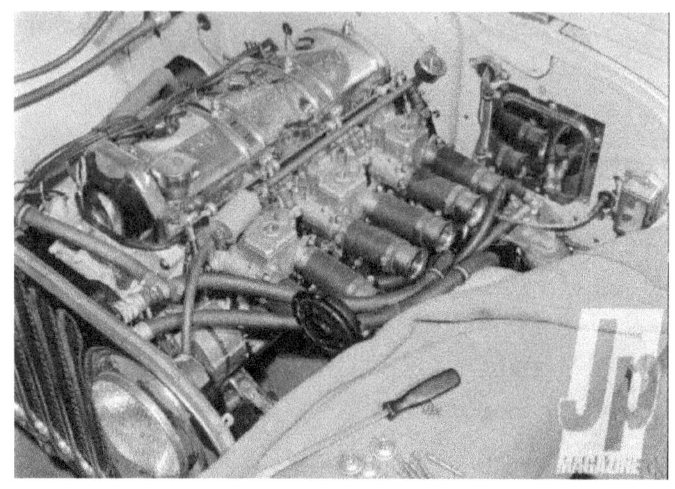

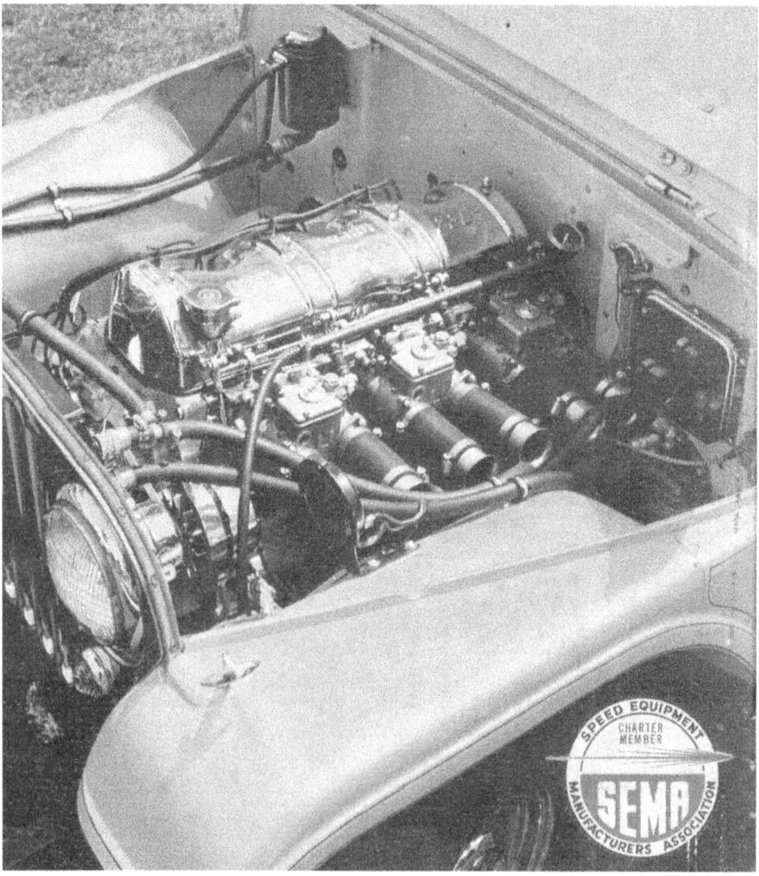
SPEED EQUIPMENT
CHARTER MEMBER
SEMA
MANUFACTURERS ASSOCIATION

Primer boceto del emblema del Torino.

George Harbert (1904-1967). *Departamento Fotográfico IKA*

GEORGE HARBERT ingresó al Grupo Kaiser en 1941 y luego a IKA en 1960, donde siempre fue jefe de Ingeniería de Producto.

El último producto de IKA, el Torino, fue resultado de la capacidad creadora que le era peculiar y por eso se lo conoce como "el padre del Torino".

Nació el 7 de noviembre de 1904 en Walla Walla, Washington, Estados Unidos. La muerte, en un accidente de auto provocado por su adicción al alcohol en la madrugada del domingo 12 de marzo de 1967, no le permitió saborear los triunfos comerciales y deportivos que conseguiría el Torino a lo largo de su historia.

7 | Desarrollo del motor Tornado

Originalmente, el motor Tornado, diseñado en Estados Unidos por el ingeniero italiano A. C. Sampietro, de Kaiser-Jeep, está inspirado en el motor Jaguar. No obstante, como se verá a continuación, su óptimo funcionamiento es obra del área de Ingeniería de Motores de IKA, por eso es una suerte de "motor argentino".

Para 1965, el solo anuncio de la fabricación de los nuevos modelos Rambler y el Ambassador 990 con motor Tornado-Jet –sin que los concesionarios IKA hicieran intento de comprometer unidades por anticipado– fue seguido de una ola de pedidos. El Ambassador 990, el automóvil argentino de mayor precio, era comprado sin que se hubiera visto antes ni siquiera una fotografía.

Cuando se les pregunta a quienes tuvieron a su cargo el desarrollo del Tornado-Jet por qué en Argentina no se fabricó antes una unidad de concepción tan moderna –árbol de levas a la cabeza, cámaras esferoidales–,[1] responden: "En otros países hacía años que se fabricaban motores ya con una característica, ya con otra, del Tornado-Jet. En todos los casos eran motores de precio muy elevado, por lo que se los reservaba para vehículos especiales". La producción en serie de motores como éstos requería un proceso de fabricación muy delicado, por lo que la planta de motores de IKA fue poco menos que transformada para que fuera posible.

En 1964 había comenzado una de las carreras más apasionantes. A los motores Tornado, en plena experimentación, se sumaban los futuros modelos Rambler y el aristocrático Ambassador. Hechos por AMC en Estados Unidos los trabajos previos que demandaba la concepción de nuevos automóviles, comenzaron a girarse los primeros elementos para iniciar otro largo proceso; en este caso, el que precede a la fabricación propiamente dicha. Los

---

[1] La válvula de escape había sido desviada 9,5 milímetros con relación a la línea central del cilindro, lo que permitió un mejor control de la turbulencia, así como colocar la bujía muy cerca del centro geométrico de la cámara de combustión. Fue la forma de cámara resultante de este desplazamiento de la válvula lo que llevó a Willys a utilizar el término "esferoidal" en lugar de "hemisférica".

envíos se hacían simultáneamente a las oficinas pertinentes de la misma AMC y a IKA, en el otro extremo del continente. Lo primero que se recibió fue una larguísima lista de piezas –cada auto llevaba aproximadamente ocho mil distintas–, después llegaron los planos y, por último, los prototipos.

Cuando la firma norteamericana Checker reemplazó, a mediados de 1964, el motor Continental en sus automóviles por uno de los Chevrolet, IKA quedó como la única fábrica de automóviles del mundo que producía motores de este tipo. El motor con cabeza L era sencillo, sólido y confortable; probado a través de decenas de años, durable y sin problemas. Posiblemente, el motor de IKA hubiera alcanzado el grado de rendimiento más alto en propulsores de este tipo, ya que hasta la firma de los sucesores de Ricardo en Inglaterra realizó trabajos de desarrollo a pedido de la empresa argentina. Sin embargo, tal como detalla la revista *Velocidad* de marzo de 1965 (número 176), tenía sus inconvenientes, entro ellos:

- Baja potencia específica. El motor tipo Continental había llegado al límite de sus posibilidades de desarrollo con sus 120 CV y la empresa necesitaba mayor potencia para sus nuevos productos, especialmente para los Rambler y Gladiator.
- Alto consumo específico. El bajo rendimiento de las cámaras de combustión de un motor con cabeza L determinaba un alto consumo de combustible, mucho más alto que el de otros motores comparables de la competencia. Un aumento de potencia sólo hubiera agravado esta situación.
- Mala imagen. Si los usuarios se manifestaban conformes con el resultado, los especialistas les mostraban escandalizados el horror de un motor de concepción histórica. Una idealización subjetiva basada en hechos concretos. Bajo el capó de un Rambler podía encontrarse un eficacísimo filtro de aire, una dirección hidráulica, un servo freno, un alternador, etcétera, y en el medio, un muy poco elegante motor de fundición de hierro y válvulas laterales.

La adopción del motor Tornado solucionó de un golpe estos tres problemas y, lo que es más extraordinario, no representó la necesidad de un cambio total de herramental por parte de la empresa. Una modificación clave con respecto a la versión original estadounidense fue el cambio del material de los cojinetes: se desistió de utilizar el metal blanco y lo sustituyeron por metal rosado, tres veces más resistente que el anterior, pero de mantenimiento mucho más delicado.

Con el Tornado-Jet se incorporó a la industria argentina la fabricación en serie de un motor con árbol de levas a la cabeza y cámaras de combustión hemisféricas o esferoidales.[2] La denominación de fábrica de este propulsor, el primero de desarrollo nacional, era OHC-230: OHC por *overhead camshaft*, que significa árbol de levas a la cabeza, y 230 por la capacidad de los cilindros expresada en pulgadas cúbicas. Se trataba de un motor de seis cilindros en línea de 3.770 centímetros cúbicos (cc) y 145 caballos de fuerza (HP),[3] con treinta kilográmetros de torque a dos mil revoluciones por minuto (rpm), con carburador de dos bocas y cebador climático. La ubicación del árbol de levas constituyó una innovación tecnológica revolucionaria, ya que no era común en ese entonces y sólo la utilizaban los autos de competición como los Alfa Romeo, los BMW, los Glas-Isard o los NSU. Este motor tenía sólo seis levas, la mitad de las usuales, y cada una de ellas abría y cerraba secuencialmente las válvulas de admisión y escape.

En honor a la verdad hay que reconocer que el Tornado no fue el primero de la industria nacional con árbol de levas a la cabeza. Aunque no se produjo en gran escala, el primer motor con esta característica fue el del Isard 1204 nacional, que a su vez fue el primero, en el mundo, con correa dentada de distribución, y no el Fiat 128, aunque claro este último fue más popular.

---

[2] "Nuestros ensayos confirmaron siempre la opinión vertida en varios informes presentados a la SAE de que, en general, el rendimiento de la cámara de combustión hemisférica es superior con cualquier combustible a la de cualquiera otra forma conocida de cámara de combustión", fragmento del informe elevado a la SAE, en junio de 1962, por los ingenieros A. C. Sampietro y K. G. Matthews, acerca del motor Willys con árbol de levas a la cabeza.

[3] La velocidad máxima alcanzada en la *road test* de la revista *Parabrisas*, realizada al Ambassador 990, fue de 155,2 kilómetros por hora. La aceleración de 0-100 kilómetros por hora fue de 13,9 segundos.

El concepto de construcción del Tornado era completamente nuevo. Su característica principal, que lo diferenciaba de los demás motores, era el árbol de levas ubicado arriba y, por lo tanto, carecer del tradicional sistema de varillas y eje de válvulas que se ha identificado con la producción de motores de válvulas a la cabeza de gran serie. El diámetro de los cilindros era de 84,93 milímetros y la carrera llegaba a los 111,12 milímetros. En la tapa o culata de cilindros del Tornado-Jet se alojaban los elementos que hacían de él un robusto servidor de 145 HP a 4.200 rpm: árbol de levas, válvulas, cámaras de combustión. El resto del motor no hacía sino adecuarse al rendimiento que ellos le otorgaban. El cigüeñal, por ejemplo, recibía el tratamiento TuffTride, por inmersión total.

Según relata Maximiliano Pallocchini (2012) en su artículo "Tornado: historia, creación y orígenes", el cigüeñal era muy similar al utilizado en el motor Continental, pero con cambios en el diseño y otro sistema de forja, como ya venía equipado el motor desde origen. Se utilizaron otros pistones, y la tapa de cilindros y el árbol de levas diseñados por Willys se reemplazaron por otros de diseño mejorado con nueva admisión.

Para el mecanizado de la tapa de cilindros se hizo necesaria la incorporación a la planta de motores de IKA de un equipo de proceso continuo, de cuarenta metros de largo y cuyo volumen total se equiparaba al de diez habitaciones comunes. El equipo Transfer, la máquina clave en la fabricación del Tornado-Jet, fue construido en Alemania, con un costo inicial que excedía los 75 millones de pesos. La fabricación demandó a la firma Honsberg un año de trabajo.

Motor Tornado para la serie de tres carburadores. *Franco Cipolla*

Ya desde la posguerra, la industria se puso realmente seria en el desarrollo de equipos de transferencia automáticos. Éstos efectúan cada operación y el diseño específico para la parte que producen. Una vez cargada por el operador en la primera ubicación, la parte en bruto es procesada automáticamente a través de cada puesto de maquinado e inspección y acaba como un producto terminado. En comparación con las viejas máquinas unificadas –diseñadas para efectuar operaciones específicas, como fresado, perforado, etcétera–, los ahorros en mano de obra eran impresionantes.

Pero a pesar de todos los elogios y el nivel de producción de esta nueva unidad motriz, el Tornado-Jet causó problemas a los primeros Rambler, modelo 1965, que estaban en circulación, prácticamente cero kilómetro, y algunos terminaron con sus motores destruidos en poco tiempo de uso. Los problemas fueron rotura del tensor de cadena de distribución, desgaste anormal del engranaje comando del árbol de levas –y, como consecuencia, de la cadena de distribución nuevamente–, de la excéntrica comando de combustible, del árbol de levas y las pastillas de balancín, humo, consumo y pérdida de aceite por tapa de balancines, problemas de cojinetes de cigüeñal y eventualmente rotura de este último.

¿Qué ocurría? El motor Tornado inicialmente se comenzó a desarrollar en Estados Unidos para los vehículos Americar, pero tras la decisión de Kaiser de abandonar la producción de vehículos de pasajeros y concentrarse en la línea de utilitarios, su desarrollo y experimentación quedaron truncos, punto en el cual empezó su producción en la Argentina.

Hay que hacer una mirada retrospectiva para entender el porqué de estas anomalías. Entre 1914 y 1933, Willys-Overland (después Kaiser-Jeep) utilizó el motor "sin válvulas", de camisas deslizantes, patente Knight.[4] Luego abandonó esta rara unidad

---

[4] Motor proyectado por el norteamericano Charles Knight en el año 1908. En lugar de válvulas poseía camisas deslizantes. El aumento de los regímenes de funcionamiento de los motores de los autos de calle convirtió, poco a poco, a este motor en inseguro, ya que, con los recursos disponibles, las fallas continuas eran inevitables. No obstante, el motor Knight de camisas deslizantes fue también empleado y abandonado en la industria

motriz a favor del diseño tipo "Continental" –como se denominaba en general a todo motor de seis cilindros con cabeza plana–, de válvulas laterales, y después de la Segunda Guerra Mundial, adoptó los modelos F-Head, con válvulas de admisión en la cabeza y de escape lateral, y Hurricane, con sistema convencional de válvulas en la cabeza alineadas con varillas y balancines. Cuando en 1962 salieron de la línea los primeros motores con árbol de levas a la cabeza y cámaras hemisféricas, diversas fábricas asociadas a Kaiser-Jeep (adopta este nombre en 1963) producían simultáneamente todos estos tipos de motores: el L en Argentina, el F en Israel y el Hurricane en Brasil.

El crédito del motor Tornado OHC I6, como lo identificó Willys, correspondió a su jefe de ingenieros desde 1952, A. C. Sampietro. Este italiano había llegado a Willys desde Europa, donde trabajaba para Donald Healey, del imperio automotor Austin-Healey. Había adquirido gran fama en el desarrollo de motores de competición con cámaras hemisféricas y árbol a la cabeza entre las décadas de 1920 y 1950, y en particular por una tapa de cilindros para el motor Nash que aumentó su potencia de 140 a 189 CV. Además, Sampietro había participado en el diseño de bastidores en Healey que contribuyó al fallecimiento de los viejos chasis y al desarrollo también de diferentes características para aplicar según se buscaba un chasis para paseo o uno con tendencias deportivas (Pallocchini, 2012).

Las experiencias se realizaron con un motor de diseño moderno de 4.097 cc que originalmente tenía válvulas en la cabeza accionadas por varillas y balancines (cámara cuneiforme) y al que se proveyó de una tapa de cilindros de cámaras hemisféricas, construida con el mismo material y utilizando la misma relación de compresión. La potencia erogada mostró un aumento de 116 a 132 HP a tres mil rpm, y de 140 a 178 HP a cuatro mil rpm. No solamente aumentó la potencia, sino lógicamente también el par motor, obteniéndose además una sensible merma en el consumo

---

aeronáutica. En uso en automotores, fue empleado por la English Daimler, Mercedes-Benz, Panhard et Levassor, entre otras fábricas.

por encima de las dos mil rpm y una reducción en la temperatura de funcionamiento, lo que permitió utilizar un radiador más pequeño. Mayor potencia, menor consumo y menor pérdida calórica evidenciaban el mayor rendimiento general de este tipo de cámaras. Una vez decidida la adopción de la cámara de combustión hemisférica se presentaba el problema del accionamiento de las válvulas, cuya dificultad era la principal razón por la cual la mayoría de los fabricantes no habían adoptado hasta ese momento este tipo de cámaras. Los objetivos de diseño se anunciaron de la siguiente manera:

1. Menor cantidad posible de piezas con movimiento alternativo.
2. Comando desde el árbol a las válvulas liviano y rígido, de modo que la inercia y la deflexión de las piezas intermedias no afectaran el diagrama de válvulas elegido.
3. Ajuste de luz simple, de fácil acceso y robusto. El excéntrico debía quedar a la vista al hacer este ajuste.
4. Utilización de botadores hidráulicos. El peso del mecanismo de regulación de la luz no debía agregarse al movimiento alternativo.

Pronto se halló en el árbol de levas a la cabeza y en la simplificación de los mecanismos leva-botador a uno por cilindro la respuesta a todos esos requerimientos y se comenzó a trabajar sobre esta solución. Una mejora posterior consistió en un ligero desplazamiento de la válvula de escape y en el embolsamiento de la cámara por delante de ésta, lo que permitió alcanzar mejor turbulencia y, con ello, un adecuado control de la combustión.

El diseño de un nuevo motor comenzó en febrero de 1960. Se realizó un programa de evaluación de diversas soluciones, se estudiaron motores en línea, de cilindros horizontales opuestos y en V, refrigerados por agua y por aire, construidos en hierro y en aluminio. En febrero de 1961 estaban en marcha los primeros prototipos del Tornado y un mes más tarde se alcanzaron los resultados previstos. En mayo de ese año, los prototipos completaron las primeras cien horas a plena carga. En abril salieron de línea los primeros motores de serie.

Los motores en cuestión eran los Tornado OHC-230, OHC-181 y OHC-154. Unidades motrices completamente nuevas, para equipar la línea de utilitarios y vehículos de pasajeros actualmente en producción y futuros vehículos a desarrollarse y producirse. El proyecto y desarrollo de este nuevo motor traía consigo el reemplazo del anticuado y obsoleto Continental 6L-226 y de todo el herramental pertinente en Estados Unidos y Argentina. Pero debido a situaciones económicas y demás se mantuvo como base al Continental y su respectivo herramental para el mecanizado de *blocks* de cilindros, cigüeñal y bielas, lo que derivó en que el nuevo Tornado tuviera el mismo diámetro de los cilindros y la carrera del cigüeñal del 6L-226.

Se decidió diseñar una nueva cabeza de cilindros de avanzada e industrializarla, por lo que se necesitó para su concepción el equipo automatizado Transfer. Pero a pesar de que se trataba de un concepto adecuado y extraordinario para permitir una moderna unidad propulsora, potente, fuerte y de bajo costo, se desconocía que sería fundamental una muy buena puesta a punto para que dicho motor pudiera responder satisfactoriamente. Es cuando surgen los problemas, que llegarían luego a IKA y cuya resolución –brillante– se alcanza aquí, en Ingeniería de Motores, área a cargo del ingeniero Eduardo Genari.

El acuerdo de IKA con la empresa de Toledo, Ohio, establecía que los pagos por desarrollo se acreditarían como anticipo de futuros *royalties*. Mientras Kaiser-Jeep fuera dueña del motor, los gastos de desarrollo no le costarían nada a IKA. La otra buena razón para hacerlo en Toledo era que contaban con el ingeniero Sampietro, quien, con vasta experiencia en propulsores de alta *performance*, promovía el concepto del árbol de levas a la cabeza. Es interesante señalar que durante el programa de desarrollo en Toledo se envió allí al joven Oreste Berta para "entrenamiento".

Para justificar sus teorías, Sampietro había comenzado a trabajar sobre motores preexistentes colocándoles cámaras hemisféricas. Así pudo comprobar el aumento de rendimiento a favor de éstas. Las pruebas constituyen el comienzo de un desarrollo sobre el conocido motor Continental 226 (Pallocchini, 2012).

Al encarar la construcción en Estados Unidos de un nuevo motor que pudiera ser utilizado no sólo en toda la línea de productos Willys sino también en las de las empresas afiliadas al Grupo Kaiser, se fijaron los siguientes objetivos de diseño:

1. Rendimiento del motor superior al de cualquier otro de la competencia de seis cilindros para trabajo pesado, tanto en potencia específica (HP por litro) como en consumo específico (gramos por HP por hora).
2. Sencillez de diseño, larga vida en servicio continuo y facilidad de mantenimiento.
3. Costo mínimo de herramental, adaptando el diseño a las facilidades de producción de las líneas existentes.
4. Motor básico con el máximo de piezas en común con otra versión del mismo de carrera corta y, más tarde, con una de cuatro cilindros.
5. Construcción en fundición de hierro pero fácilmente adaptable en la tapa de cilindros y en el cárter a la construcción en fundición de aluminio con un mínimo de cambios en el herramental de fabricación.

El diseño del tipo silencioso de la cadena Morse era ideal. Para ello fue cubierta de un hierro de molde especial enfriado, seleccionado para larga vida y con buena compatibilidad con los engranajes del árbol de levas. Se comentaba que con un tren de válvulas simple había un cincuenta por ciento menos de mantenimiento en la distribución. El cigüeñal fue diseñado por el propio Sampietro para tener la rigidez máxima. El italiano descartó el concepto de un cigüeñal de siete bancadas a favor de uno de cuatro bancadas con suficiente porte para soportar mucho torque y trabajo pesado. Willys procesó cada cigüeñal en un baño Tuff-Tride de sal especial durante dos horas a 1.025 grados centígrados. Según la empresa, esto reducía a la mitad la fatiga de materiales y posibles roturas ante la exigencia. Las cámaras de combustión esferoidales de los Tornado, grandes válvulas, carrera larga, árbol de levas en cabeza y el cigüeñal carbonitrurado contribuían principalmente a su larga vida, gran torque y gastos de mantenimiento bajos, características a las que se sumaba un notable rendimiento para la época. Debe recordarse que el motor fue diseñado para equipar Jeeps y camiones de uso continuo, exigente y pesado (Pallocchini, 2012).

El diseño final fue dado a conocer en Toledo, Ohio, en septiembre de 1962, aunque la División Experimental de IKA siguió efectuando modificaciones. Se presupuestó un poco más de dos millones de dólares para la puesta en producción del nuevo motor, y la mayor parte fue invertida en equipamiento importado, una fracción de lo que le hubiera costado a IKA un motor completamente nuevo.

En 1963 llegaron al Departamento de Ingeniería de IKA toda la documentación y los planos para el desarrollo de producción del Tornado en Santa Isabel. En los estudios realizados desde esa fecha hasta la puesta en producción en 1965 todavía fueron detectadas algunas anomalías, las que se resolvieron antes del inicio de fabricación mediante, por ejemplo, la eliminación de una placa intermedia entre el *block* de cilindro y la chapa frontal cubrecadena, que servía de soporte del motor, y la reubicación de los soportes del motor fijados en el *block* en un lugar más apropiado, facilitando la adaptación a cada vehículo. También fue modificado el diseño de la toma posterior del cigüeñal y el *block* para evitar pérdidas de aceite. En cuanto al cigüeñal y las bielas, fueron incorporados cojinetes cobre-plomo –micropelículas sinterizadas de última generación–, desarrollados por la firma IN-DE-CO. Este tipo de cojinetes necesitaba cigüeñales con muñones tratados térmicamente y filtros de aceite de flujo total. Fueron diseñados, además, nuevos múltiples de admisión para su adaptación a los nuevos carburadores Carter de doble boca y Carter RBS de simple boca.

La utilización de los nuevos cojinetes obligó a mejorar el sistema de lubricación. Al filtro de aceite de flujo total con que venía provista esta unidad motriz originalmente se le agregó uno de flujo parcial. Explica Genari:

> Treinta motores pasaron por el dinamómetro. De no haber modificado el sistema de lubricación ninguno hubiera trabajado ni cinco horas. Algunos alcanzaron a estar mil horas, haciéndoles nada más que el mantenimiento de costumbre (regular luz de válvulas, por ejemplo). Cuando los desar-

mamos, los cojinetes estaban como si no los hubiésemos utilizado.[5]

En paralelo, se puso en desarrollo la puesta a punto de la producción en IKA y en proveedores, fabricación de prototipos de motor, pruebas en bancos dinamométricos y en automóviles Rambler línea 63/64. Es cuando comienza la producción en Santa Isabel o, mejor dicho, luego de un corto período de utilización por parte de los usuarios, que aparecen los problemas de concepción del motor Tornado. Los ingenieros en Córdoba no podían consultar a los de Estados Unidos, pues ellos habían tenido las mismas complicaciones y por eso habían dejado de producir la unidad motriz. El ingeniero Hoffman, de IKA, diseñó un amortiguador de vibración torsional que logró evitar la destrucción de los cigüeñales, solución que fue exportada a Estados Unidos.

El Tornado había sido pensado para equipar vehículos utilitarios de gran robustez, y lo que es teóricamente ideal para un Gladiator puede no serlo para un automóvil como el Rambler.[6] Era relativamente pesado y conservaba de su antecesor de válvulas laterales un cigüeñal de carrera larga apoyado sobre cuatro cojinetes. Quizá es por ello que el Tornado de Willys sufrió diversas modificaciones para convertirse en el Tornado de IKA a lo largo de más de un millón de kilómetros recorridos sobre vehículos experimentales antes de ser lanzado a la producción y a la venta.[7]

En Estados Unidos fue usado entre los años 1963 y 1966 como motor base de la línea SJ, como motor opcional de 1963 a 1965 en las Willys Station Wagon (o sea, Estanciera) y *pick-up* (aquí Baqueano), y como único motor de 1966 a 1969 de la línea militar 5/4T y M715. Luego de 1966 paulatinamente se lo fue retirando del mercado civil para ser reemplazado por un motor tecnológicamente inferior pero más al gusto de los norteamericanos, como

[5] Citado en Pallocchini, 2012.
[6] Los Rambler norteamericanos no utilizaban esta motorización, ya que el Tornado era de Kaiser-Willys y el Rambler, de AMC.
[7] Revista *Velocidad*, marzo de 1965, n° 176.

el 232 High Torque (3.800) de la Kaiser. Después de muchos años, los sabedores entienden que el fracaso del Tornado en el mercado estadounidense se debe a que era un motor muy evolucionado para la época, con una concepción más europea que norteamericana y al que la mano de obra existente lo descalificaba por desconocimiento técnico. Esto lo llevó a tener "mala prensa". Por ese entonces el aceite usado por los norteamericanos no era de buena calidad y los motores sufrían las consecuencias. Con el tiempo, los usuarios se dieron cuenta de que era un motor robusto, simple, fácil de mantener y con gran rendimiento (Pallocchini, 2012).

El equipo de ingeniería de George Harbert se puso a trabajar en las anomalías del motor (al principio, fugas menores de aceite, golpeteo de válvulas a altas revoluciones y, debido a la alta relación de compresión de 8,5:1 y a la calidad inconsistente de octanos de los combustibles argentinos, detonaciones intermitentes). En ese momento, Eduardo Genari era ingeniero en Jefe de Ingeniería y dirigió los cambios de diseño, que incluyeron una reducción de la relación de compresión a 7,5:1, mejores juntas en el motor, un carburador nuevo (el Carter RBS), algunos ajustes en la culata de cilindro, un nuevo árbol de levas, cambio de las monturas del motor al centro de gravedad del bloque, mejor calidad de los materiales de soportes en las varillas principales y en las bielas, el agregado de un segundo filtro de aceite para garantizar la limpieza absoluta del lubricante, dado que un alto porcentaje de la población de autos utilizaba caminos desmejorados, y finalmente, los múltiples de escape y admisión rediseñados para un mejor flujo de combustible (McCloud, [1995] 2015). El segundo filtro sería eliminado en la segunda generación de motores Tornado a fines del año 1968. Mientras los cambios de diseño salían de las mesas de dibujo, la División Experimental, a cargo de Gustavo Flinta, elaboró prototipos y los sometió a pruebas de dinamómetro y de manejo. El desarrollo del Tornado abarcó un período de 18 meses –desde principios de 1965 hasta fines de 1966– y coincidió con las etapas de desarrollo final de la línea de vehículos Torino.

El trabajo realizado en la tapa de cilindros fue muy importante. Según Genari:

> En el original, la distribución de mezcla se efectuaba dentro de la misma tapa y a través de dos entradas (como los primeros motores Tornado de los Rambler o Gladiator nacionales). Se diseñó un múltiple con descargas individuales en cada uno de los seis cilindros, lográndose un eficiente llenado del mismo.[8]

Partiendo de esta base, el ingeniero Genari comenzó a desarrollar tres versiones distintas del motor Tornado para el Torino, ya que para la línea Rambler el motor usado fue muy similar al norteamericano con 8,5:1 de compresión y 140 HP.

> Del Torino 300 se pedía una buena *performance,* con economía de consumo. Del 380, una buena cupla, mejor salida y alta velocidad. Es decir, mucha potencia sin desmedro de la economía de consumo. Y del 380W, *performances* netamente deportivas con posibilidades de aumentarlas efectuándole muy pocos cambios.[9]

El programa de prueba de manejo para el motor rediseñado y "argentinizado" abarcó más de un millón de kilómetros en un período de ocho meses; prácticamente todo fue llevado a cabo en prototipos de Torino disfrazados.

El usuario descubría en el nuevo Rambler un motor de avanzada, con su parte de arriba moderna, pero antigua la de abajo. Al exigir el acelerador para sentir las prestaciones de tamaño motor, éste se pasaba de revoluciones y el cigüeñal no lo soportaba, destruyendo todo a su entorno; hay que recordar que poseía una larga y pesada cadena de distribución Morse por la gran carrera del cigüeñal. También, el platillo de resorte de válvula terminaba con su traba deformada, con la consiguiente salida del perno de pistón que derivaba en alguna ranura en el *block* de cilindros. Se comían las levas, desaparecía el gusano de bronce del distribuidor, etcétera.

---

[8] Citado en Pallocchini, 2012.
[9] Ibídem.

Las acciones correctivas en la etapa de desarrollo del Tornado a cargo de IKA fueron las siguientes:

- Problemas de cadena de distribución y su entorno: se diseñaron y construyeron patines de apoyo y tensores de gran robustez mecánica, con recubrimientos de caucho sintético vulcanizado y con amortiguador hidráulico que operaba con el mismo aceite del motor.
- Desgaste de árbol de levas y pastillas de balancines: se reemplazó el resorte de válvulas por dos concéntricos con espiras de amortiguación y carga remanente en el momento crítico de máxima apertura. Se eliminó la chapa guía de balancines y se reemplazaron los balancines por otros fundidos con superficie de apoyo con la leva incorporada y localización por medio del vástago de la válvula.
- Humo y consumo de aceite: se producía por falta de sellado del aro con el pistón o con el cilindro y por guías de válvulas. Se mejoró el bruñido de los cilindros y se incorporó a los aros una predeformación en caliente. Se limitó la cantidad de aceite para lubricar el árbol de levas, por medio de un sistema de flujo intermitente. Se mejoró el drenaje de aceite y se desarrollaron diferentes sistemas de guías de válvulas.
- Pérdidas de aceite por tapa de balancines: se diseñaron tornillos con resortes encapsulados que no permitían el sobreapriete y mantenían el ajuste requerido pese a la deformación permanente de las juntas de caucho sintético.
- Problemas de cigüeñal y cojinetes: fueron resueltos definitivamente con el motor de siete bancadas con bielas y cojinetes rediseñados.

En paralelo se trabaja en lo que sería el Tornado mejorado que equipó a las primeras series del Torino, llamado Interceptor, y en el desarrollo de la versión de siete bancadas que entraría en producción recién en 1973. Un punto clave en el nuevo Tornado-Interceptor fue el desarrollo del amortiguador de vibraciones torsionales para poder aumentar las revoluciones sin modificar demasiado las partes del motor salvo los elementos indispensables.

En aquellos tiempos, Lucien Combes (delegado de la Régie Renault) era gerente de Calidad en Santa Isabel y el ingeniero Ulrico Kaden trabajaba para él. Combes no confiaba mucho en Harbert porque decía que "le metía el perro"; por eso le dio un dinamómetro a Kaden –fuera de fábrica, en Entrega Directa a Clientes, donde tenía una flota de vehículos– para que probara los motores Tornado y confirmara si tenían la potencia que declaraba Ingeniería. Resultó que no había dos motores iguales, con diferencias para arriba y para abajo. La intervención de Genari hizo que finalmente se convirtiera en un motor confiable.[10]

En el 380 y 380W se trabajó al mismo tiempo con el múltiple y el sistema de escape. Genari rememora:

> El original tenía una sola salida. Nosotros agrupamos los cilindros 1, 2 y 3 en una, y el 4, 5 y 6 en otra. Haciendo un buen estudio del escape se puede lograr una mejora, evitando la interferencia de onda. Prueba de ello es que los Torino de TC utilizaban el mismo sistema de escape que los de calle. En cuanto a los carburadores Weber, colocamos los de 45 milímetros de garganta, aunque hubiese sido lo mismo colocar los de 40, ya que el venturi en la admisión es de sólo 33 milímetros.[11]

Agrandar la admisión permitía aumentar la *performance* del motor muy fácilmente, de los 176 HP con que salía de fábrica a los 240 HP.

---

[10] El tema de la potencia de un motor muchas veces genera confusión. La norma "fantasía" norteamericana de aquellos años (en HP) servía para venderle espejitos de colores a la gente, asegurándole que adquiría una bruta bestia de "dos millones" de *horse power*. En cambio, la norma europea (en CV) indicaba la potencia que tenía el motor puesto en el auto. La diferencia era considerable: los CV son alrededor del 75 por ciento de los HP. Cuando se elige medir bajo normas SAE, se mide la potencia del motor haciéndolo funcionar sin ninguno de sus accesorios, sin filtro de aire, ventilador, sistema de aire y demás accesorios. Gracias a eso se llega al número más alto que una medición puede graficar. La diferencia entre la medición con y sin accesorios es notoria, debido a que un ventilador puede llegar a consumir hasta diez HP y un filtro de aire completo puede reducir la potencia en dos HP; esa misma cifra restan el alternador y su correspondiente sistema de enfriamiento, mientras que un sistema de escape completo, con catalizador, resonadores y silenciadores puede restar hasta seis HP.

[11] Citado en Pallocchini, 2012.

También se hicieron estudios para evitar el rebote o despegue de válvulas con la adopción de un resorte doble.

> Cuando colocábamos un Tornado en el dinamómetro, utilizábamos una filmadora especial para ver después el comportamiento de los resortes a distintos regímenes (filma a razón de ocho mil cuadros por segundo). Cuando el motor es nuevo, el despegue recién se produce a seis mil vueltas. Después de algún tiempo lo hace a 5.700. Esta tolerancia es muy amplia, ya que los motores de línea nunca llegan a ese régimen. El secreto de que el Tornado tenga buen torque en 2.500 revoluciones y lo mantenga hasta seis mil sin una declinación pronunciada se debe al trabajo realizado en la parte superior del motor. La cámara de combustión hemisférica, el dibujo del cielo del pistón y las grandes válvulas de admisión y escape son los responsables de tan amplia prestación. El mejoramiento en la lubricación del árbol de levas y en la calidad de producción cerró el ciclo de perfeccionamiento del motor.[12]

El Tornado OHC-154 de cuatro cilindros en línea se trataba, en realidad, de una unidad motriz de seis cilindros a la que le habían "serruchado" dos (como había pasado con el Continental). La cilindrada total era de 2.523 cc. Las bielas, de acero forjado, eran iguales entre sí las número 1 y 3 y las 2 y 4. En los motores 181 y 230, la igualdad era entre las número 1, 3 y 5 y las 2, 4 y 6. El motor 154 constaba sólo de cuatro levas.

El Tornado de seis cilindros poseía cuatro cojinetes de banca-da de metal rosado, y tres cojinetes el de cuatro cilindros. Por su tamaño, permitían un soporte rígido al cigüeñal, siendo el tercero de ellos el que registraba el juego longitudinal mediante bridas de empuje en el motor de seis cilindros. En el de cuatro, el juego longitudinal se registraba con el cojinete intermedio.

En la línea de maquinado de motores se fabricaron 69 unidades OHC-154 (*blocks*, cigüeñales y otros componentes), armados e

---

[12] Genari, citado en Pallocchini, 2012.

instalados sobre vehículos de ensayo –Torino y Pick-up Jeep– en la División Experimental. Nunca se produjeron en serie ni salieron armados de la línea de motores, pues tenían problemas de vibraciones que no pudieron ser resueltos porque se requería para ello una inversión importante en la línea de motores. Además, consumían muchísima nafta. El proyecto se abandonó, y tanto los vehículos equipados con este motor como algunos motores armados (no más de cinco) y componentes que no llegaron a utilizarse fueron a parar a algunos concesionarios y empleados que tuvieron la oportunidad de comprarlos. En resumen, nunca salió de la línea de montaje ningún vehículo con esta motorización, aunque hoy perdido por ahí se pueda encontrar algún Jeep equipado con el experimental 154.

El motor del 380W "de calle". *Servicio Fotográfico IKA-Córdoba.*

El motor "Torino" en otros autos

Cuando Kaiser-Jeep abandonó la producción de los Tornado, que tantos inconvenientes produjeron a sus usuarios y así llegó a la Argentina, Ingeniería de Santa Isabel procedió con los muchos cambios. Resuelta la cuestión, el ejército de Estados Unidos comenzó a encargar motores completos y repuestos a IKA. Esto ya sucedía en 1966. Los pidieron para los Jeep M-715 y otras variantes que se usaron mucho durante la guerra de Vietnam.

La transmisión ZF, producida en Córdoba con licencia IKA, ya había sido vendida a General Motors Argentina para equipar al Chevrolet 400 y luego al Chevy hasta que tuvieron lista la caja tipo Corvette. El motor, por su parte, quedó en exclusiva para los coches de Santa Isabel

Desde el 30 de marzo de 1972, las gamas Rambler y de Utilitarios que usaban el Tornado de cuatro bancadas comenzaron a unificar piezas de lo que fue el Tornado "híbrido"; cambió la relación de compresión, que de 7,5:1 pasó a 8:1, y así ganó caballaje, y hubo una variante en el reglaje del árbol de levas.[13] El motor de siete bancadas fue rebautizado "Torino" y se incorporó a toda la gama.

El Rambler dejó la escena en 1973 cuando se discontinuó el Ambassador, con la excepción de diez unidades fabricadas en 1974 y sólo dos en 1975, bajo pedido expreso. La *pick-up* Jeep continuó con bajas ventas hasta 1978.

Los remotorizados Rambler Ambassador presidenciales

En 1968, IKA-Renault, por un lado, y Heriberto Pronello, por otro, trabajaron en los dos primeros Ambassador que solicitara especialmente Presidencia de la Nación. Los Ambassador en cuestión,

---

[13] Los modelos Jeep T-80/T-1000 (ex Gladiator) fueron los únicos que quedaron con relación de compresión de 7,5:1 (según "Identificación de modelos y unidades fabricadas desde el 27 de abril de 1956 hasta el 30 de diciembre de 1985 (no incluye SKD y CKD). Renault Arg. S. A. División Repuestos").

uno negro (chapa-patente C152822) y otro gris (C152823), prestaron servicio a Presidencia desde los años de Juan Carlos Onganía hasta inicios del autodenominado "Proceso de Reorganización Nacional".

El primero que se construyó, de color negro, fue realizado totalmente en Experimental a cargo de IKA-Renault. Para el segundo Ambassador presidencial se decidió que fuera realizado por un contratista exterior. Heriberto Pronello, enterado de esta situación, ofreció sus servicios a la Presidencia con la que finalmente firmó un contrato. IKA-Renault le entregó la carrocería alargada pintada de gris metalizado y las directivas e indicaciones de cómo llevar a cabo el trabajo, basado siempre en el primer Rambler Ambassador presidencial. En diversas oportunidades viajó a Buenos Aires una delegación de la empresa para verificar y orientar la marcha de los trabajos, pero en calidad de asesores, ya que la responsabilidad final era del contratista. Esta situación derivó en desentendimientos, desconfianzas mutuas y finalmente en acciones legales de Pronello contra Renault, porque el proyecto llevaba varios meses de atraso. Sin embargo, el juez que intervino falló en favor de la empresa, que a partir de ese momento, se desvinculó del proyecto. Obviamente, ése fue el fin de los negocios entre el reconocido carrocero y la empresa cordobesa.

Pero entre un gobierno *de facto* y otro, en los años del tercer gobierno peronista, en España sufrió un fatal atentado el presidente Luis Carrero Blanco.[14] El Dodge 3700 GT en el que viajaba voló por los aires y resultaron muertos el presidente del gobierno, su chofer y un inspector de policía que ocupaban el coche sin blindajes.

Ya a cargo de sus funciones presidenciales, Isabel Perón se preguntó qué sería de su destino si se planeaba un atentado similar contra ella. Los Ambassador de uso presidencial no tenían los pisos blindados: cuando Onganía encargó los autos sólo se trabajó en blindajes para las carrocerías y áreas transparentes.

[14] El atentado fue perpetrado por el grupo armado ETA el 20 de diciembre de 1973 contra el almirante Luis Carrero Blanco, el entonces presidente del gobierno de España durante la dictadura franquista. Ver https://es.wikipedia.org/wiki/Asesinato_de_Carrero_Blanco.

Pronello una vez más sería el encargado de retrabajar dos nuevos Ambassador más, reforzando los blindajes. Para ello, se diseñaron lunetas de 110 milímetros de espesor que contaban con elementos de blindaje que podían amortiguar disparos de fusil FAL 7,62 en tiro transversal, a diferencia de los vidrios laterales que soportaban un solo disparo, pues el segundo impacto, eventualmente, en un área de 10 centímetros entraría al habitáculo. Se entendía que el auto presidencial viajaba con escolta, que podía repeler el ataque de artillería ante el primer disparo. Empero, el conductor no estaba protegido si el disparo a través del parabrisas se hacía con FAL, sí con munición de menor calibre. Se montaron elementos de blindaje de policarbonato de aproximadamente 30 milímetros de espesor en las ventanillas y un laminado de resina poliéster y placas de aluminio en las áreas restantes, protegiendo así las superficies laterales y traseras del vehículo. Este material fue importado de General Electric, por entonces su único fabricante en el mundo.

Para probar la efectividad del blindaje, Pronello hizo explotar cuatro cascos antes de construir el modelo definitivo, que debía proteger a la Presidente si un explosivo era colocado en un túnel como el viaducto de Avenida del Libertador, paso obligado para el coche presidencial de Olivos a Casa de Gobierno.

Los blindajes también fueron ensayados en diversas reparticiones militares con pistolas calibre .45, FAL 7,62 y munición de 9 milímetros antes de decidirse su colocación en los vehículos. Pronello supervisó todas las operaciones, incluso colocándose dentro del casco cuando era disparado por efectivos militares.

Entre otros cambios, ambos vehículos perdieron los levantavidrios eléctricos con los que eran equipados de serie (y como habían sido los dos Rambler Presidenciales anteriores) para pasar a manijas de accionamiento manual. En VEFRA (Vehículos Especiales Fabricación Renault Argentina) se remotorizaron con unidades Torino de siete bancadas, con algunos retoques especiales para darles mayores prestaciones a autos considerablemente más pesados. También debieron ser modificados los frenos.

Los coches estaban alargados unos 30 centímetros. Esto se lograba mediante el corte de la carrocería detrás del pilar central para soldarle una extensión, recomponer el techo, los laterales y el piso con sus largueros, y el agregado posterior de un nuevo pilar central donde abisagraba la puerta trasera. El arreglo permitía crear un espacio para una consola central que tenía varias prestaciones (bebidas, entre otras) y dejaba lugar para dos transportines a cada lado.

La suntuosidad de estos vehículos la daban un tapizado de cuero flor negro, las alfombras de nailon pelo cortado gris de 12 milímetros de alto y unas placas de madera de peteribí lustrado con un motivo perimetral hecho en tiento de cuero crudo instaladas en la parte superior de los paneles tapizado de puertas, cuartos traseros, etcétera, lo que aportaba un fino aire autóctono. El techo y los parantes traseros fueron protegidos por una cubierta vinílica, como comúnmente sucede en limusinas, que se realizan cortando un sedán de serie y a la que eventualmente le aparecerán pequeños resquebrajamientos, situación que no suele suceder en los coches fúnebres cuando se hacen con techos planos.

Estos dos Ambassador fueron los únicos fabricados por petición de Presidencia en 1975 y con ellos se cerró el ciclo productivo de esta marca en el país. Recién fueron entregados a Presidencia el 20 de diciembre de 1976 (ya con el nuevo gobierno) e inscriptos en el Registro Nacional de la Propiedad del Automotor el 18 de enero de 1977. Ambos fueron negros y llevaron la chapa-patente C782686 y C782689 y los chasis 710-01518 y 710-01519, respectivamente.

El Ambassador gris construido por Pronello. De izquierda a derecha: la vicepresidente Isabel Perón, el presidente Juan D. Perón, y el secretario privado y ministro de Bienestar Social José López Rega. *Presidencia de la Nación*

Puesta en valor de los Ambassador presidenciales

No muchos autos presidenciales argentinos se han conservado. Algunos están en los garajes de la residencia presidencial de Olivos, otros tuvieron destino incierto, y los Ambassador una historia particular.

Los dos primeros de 1968, ya "radiados", habían quedado estacionados en la playa frente a Casa de Gobierno durante muchos años. En los años de Carlos Saúl Menem, la prensa comunicó que se había ordenado restaurarlos, pero lo cierto es que fueron donados a una escuela técnica de la Ciudad de Buenos Aires, y desguazados por los alumnos.

En algún momento, los Ambassador que entraron en servicio a fines de 1976 o principios de 1977, y que se usaron hasta la asunción de Raúl Alfonsín, terminaron en el Complejo Museográfico "Enrique Udaondo" de la ciudad de Luján, en la provincia de Buenos Aires. Sólo uno estaba en exhibición, algo maltrecho, debido al poco cuidado, las grandes inundaciones que sufrió la ciudad, y, como siempre, la falta de recursos y de interés gubernamental que pesa sobre el patrimonio histórico.

En 2015, el Rambler Car Club, por iniciativa propia y de forma desinteresada, propuso la puesta en valor del único auto exhibido de la marca. Con la aprobación del director del Museo, miembros del Club trabajaron durante cuatro meses en la restauración del habitáculo, mecánica y carrocería, conservando siempre la originalidad del vehículo. El resultado fue ciento por ciento satisfactorio e impecable.

El segundo auto, al estar más envejecido, estaba guardado en el Museo pero sin ser exhibido. Actualmente, el Club continúa con la puesta en valor de este Ambassador, con el compromiso de ocuparse del mantenimiento de ambos "presidenciales".

Así estaban. *Gentileza Rambler Car Club*

Uno de los Ambassador construidos por Heriberto Pronello, en la actualidad. *Rambler Car Club*

Battista "Pinin" Farina (1893-1966).

Fundador de la empresa de carrocerías Carrozzeria Pininfarina en 1930, su nombre se asocia con muchos de los coches deportivos más conocidos de la posguerra, entre ellos Ferrari. Nació en Torino, Italia, el 2 de noviembre de 1893.

El nombre de familia pasó a ser Pininfarina en 1961, como resultado de combinar su apodo ("Pinin", el más joven, en piamontés) y apellido.

Oficialmente, el último diseño atribuido personalmente a Battista Farina fue el emblemático 1600 Duetto de Alfa Romeo, visto públicamente por primera vez en el Salón del Automóvil de Ginebra en marzo de 1966. Murió menos de un mes después, el 3 de abril. Los que trabajaron con McCloud y el equipo de ingenieros cordobeses en Torino saben que el último diseño del alma máter de la compañía fue el Torino-IKA.

8 | El Automóvil del Año sale a la calle

Guido Perazzolo tuvo a su cargo el equipo de la presentación activa del Torino en el Autódromo Municipal de Buenos Aires; nunca hicieron algo parecido, ni antes ni después de esta presentación, que duró tres días. Fueron invitados periodistas especializados, autoridades, concesionarios, proveedores, clientes y corredores de TC, incluidos los mejores pilotos de la época. Entre los reyes indiscutidos del ambiente "tuerca" del país que dijeron "presente" en la inauguración de la era Torino en el automovilismo argentino, lo probaron y "pisaron" a fondo sin respiros y coincidieron en sus opiniones, "un coche fantástico", estaban Carlos Löeffel, Juan Manuel Bordeu, Rubén Luis Di Palma, Roberto "Bitito" Mieres, Carlos Pairetti, Rubén Roux, Jorge Cupeiro, Héctor Gradassi, Eduardo Copello, Gastón Perkins, Adolfo Schwelm Cruz, Alberto Rodríguez Larreta y el futbolista Alfredo "Tanque" Rojas. Por supuesto, la gran figura del evento fue el quíntuple campeón mundial Juan Manuel Fangio.[1]

El Torino hizo su presentación en tres jornadas de seis horas cada una. Entre el 30 de noviembre y el 2 de diciembre de 1966, quince unidades Torino, cinco por cada modelo, permitieron a los concurrentes probar las bondades y características del modelo. Una exposición acompañó esta presentación informando de los distintos componentes de los vehículos tales como motor, transmisión, tapizados, pinturas, etcétera.

En el Autódromo estaban las tres variantes del Torino: el sedán, con el Tornado OHC-181 de 3.0 litros y caja ZF de tres velocidades;[2] el Coupé 380, con un carburador Holley de doble boca, y el 380W, con tres carburadores Weber de doble boca, estos dos últimos con ZF de cuatro velocidades.

---

[1] *Promoción IKA*, Año Nuevo 1967, n° 26.

[2] Al poco tiempo ya se incorporaría la caja de cuatro velocidades ZF con leva de cambios ubicada en la columna de dirección, aunque se contaba con la opción de la caja de cambios con leva al piso.

Presentación en el Autódromo Municipal. Integrantes del equipo de Ingeniería y Experimental que participaron en el proyecto. De izquierda a derecha: de pie, M. Fullana, J. Amuchástegui, E. Genari, P. Palma, H. Cabrera, K. Wonko, G. Perazzolo, R. Tolcachir, M. Mayer, D. Cirelli, E. Belecz, H. Escobar, E. Doerflinger, J. Rosa, R. Soria, R. Ortiz, D. Avalle, E. Zaguis, J. Valles, J. Montenegro, J. Ciaramella, V. Biazzutti, N. Testaferri, P. Frassa, V. Brottons, J. Giovannoni; en cuclillas, H. Zangari, J. Lopresti, E. Lavallen, A. Valdivia, B. Cocciolo, O. Corsg, J. Andreu, M. Zejeda. *Servicio Fotográfico IKA-Córdoba*

Anécdota: al rato de comenzadas las pruebas, Adolfo Schwelm Cruz chocó a Alberto Rodríguez Larreta,[3] que se había parado en una curva, y no pudieron seguir andando porque un segundo auto también terminó roto. De cinco autos nuevos, sólo quedaron dos sanos. IKA los necesitaba para la exposición estática de presentación, por lo que se los tuvieron que llevar tapados y luego, al momento de exhibirlos, el Torino que estaba chocado de popa quedó asomado mostrando la trompa detrás de una cortina. Así fue lanzado "el auto argentino".

Por otra parte, dificultades técnicas y conflictos con la rama obrera en Monte Chingolo impidieron una producción intensa, por lo cual se perdieron algunos meses desde el momento en que

---

[3] En su corta carrera deportiva, Alberto Rodríguez Larreta (padre de Alberto Jorge Rodríguez Larreta, más conocido como "Larry", 1934-1977) había ganado el Grand Prix de Marsella en 1924 compartiendo el volante de un Sunbeam con Martín "Macoco" de Álzaga Unzué.

se decidió trasladar todo lo armado de la línea de montaje a Santa Isabel. Finalmente, el lanzamiento comercial se realizó el 5 de enero de 1967. El 15 de ese mes fue homologado el 380W por la Federación Internacional del Automóvil (FIA) con el número 355, a partir de lo cual comenzó la producción en serie.

"Cosas veredes, Sancho, que farán fablar las piedras"

Se homologa el 380W según el código deportivo internacional y, según las reglamentaciones de la FIA (Fédération Internationale de l'Automobile), para el 30 de noviembre de 1967 debía estar producida una serie mínima de mil unidades. Pero en 1966 se produjeron sólo seis unidades del 380W; en 1967, 994; en 1968, 96; en 1969, 137, y finalmente en 1970, sólo ocho unidades, lo que hace un total de 1.241 ejemplares.

Estas cifras dan la pauta de que el mercado para este modelo era muy reducido y su producción más que nada se hizo para poder tener participación deportiva. La suma de la producción de 1966 y 1967 da exactamente las mil unidades mínimas reglamentarias. Hoy parece lícito dudar de ese número, en tanto las mil unidades debieron ser almacenadas en fábrica –pues el mercado no podía absorberlas rápidamente– y en la práctica no es sencillo tener un millar de automóviles (más los de producción diaria) a la intemperie: los componentes sufren daños, principalmente el acabado y el sistema eléctrico, amén de las ocasionales tormentas de granizo tan comunes en "La Docta". Lo cierto es que más de las tres cuartas partes de estos autos deberían tener la rejilla larga del parallamas y el corte de los primeros en el pasarruedas trasero (tarea de investigación ocular para los coleccionistas y/o actuales usuarios).

En Estados Unidos pasó algo parecido con el Dodge Daytona 500, del que se falsificaron los que se necesitaban de serie para el NASCAR.

Posteriormente, en 1968, el Torino fue consagrado "Automóvil del Año 1967" por la Asociación Argentina de Periodistas de la

Industria y el Comercio del Automotor. Se lo eligió por sobre el Peugeot 404 y el Fiat 1500 Coupé Vignale.

Durante enero continuaron los ensayos de vida en la División Experimental y es así cómo se detectó una anomalía de la resistencia del voladizo del larguero trasero, que se manifestaba en los modelos de mayor *performance*. El componente fue rediseñado y se aplicó un nuevo refuerzo en la zona del puente trasero para reducir la flexión dinámica de la cola del vehículo por acción de la suspensión. La irregularidad se percibió en forma tardía por no disponer de un banco de cargas estáticas y debido a que la nueva suspensión del tipo trasero de cuatro barras (*four link bar*) ejercía mayores cargas sobre el travesaño y su empotramiento sobre los largueros traseros.

En cuanto al equipamiento, el Torino contaba con vidrios curvos (Solex opcionales) y su gran superficie en parabrisas, luneta y ventanillas ofrecía una visibilidad excepcional. El baúl, de 580 decímetros cúbicos de capacidad, tenía una amplitud poco común en un automóvil deportivo. El paragolpes era envolvente y su grilla correspondía al típico estilo Pininfarina, constituida por un marco de acero inoxidable y barras de aluminio anodizado. El interior estaba provisto de asientos individuales abutacados, con regulación longitudinal del almohadón y con respaldo de inclinación graduable, lo que permitía al mismo tiempo el ascenso y descenso fácil de los pasajeros traseros. Éstos contaban, además, con un apoyabrazos central rebatible sobre el respaldo. Los cinturones de seguridad, provistos de fábrica, eran del tipo "cintura".

Los modelos 380 y 380W estaban equipados con receptores de radio de gran fidelidad, totalmente transistorizados, cuyas características eléctricas los hacían superiores a los mejores receptores del hogar; tenían sintonizador a botonera y sintonía manual, y en el caso de vehículos con parlantes traseros, se proveía un balanceador del nivel sonoro en ambos extremos cuya sensibilidad permitía llegar a estar "sumergido" en un sonido de la más alta fidelidad. El panel de instrumentos era de madera de nogal italiano con aplicación de laminado plástico que proporcionaba un tono cálido y lujoso. Un marco de plástico vinílico negro mate, con almohadilla antichoque, aseguraba la falta de reflejos y protección en caso de emergencia. El instrumental (Jaeger) estaba compuesto por indicador de temperatura de agua, indicador de nivel de combustible, indicador de presión de aceite, velocímetro con odómetro parcializador y totalizador incluido, luces indicadoras de viraje y luz alta, y un indicador luminoso de carga. El grupo de instrumental se completaba con un taquímetro electrónico. La iluminación interior fue objeto de un paciente estudio para lograr un ambiente confortable e incluyó luces interiores de cortesía, luz de mapa y de guantera, además de luces de seguridad en el extremo de las puertas.

Los 380W fueron equipados de fábrica con neumáticos fríos para alta velocidad, ofrecidos por primera vez en automóviles nacionales.

El sedán 300, por su parte, contaba con muchas características similares al modelo deportivo. Las diferencias fundamentales se habían establecido para ofrecer un automóvil de tipo familiar, de

380W especiales con decoración deportiva opcional.

Interior Torino 380. *Carrozzeria Pininfarina*

gran comodidad y prestaciones algo más tranquilas. El tablero de instrumentos seguía los mismos conceptos de estilo de la versión deportiva, pero se reemplazó la madera por un sobrio tapizado de polivinilo negro. Los asientos eran del tipo banco, muy confortables, y se ofrecía como opción el tipo butaca de la versión deportiva. Faltaban en su instrumental el taquímetro y el indicador de aceite de aguja, reemplazado por uno luminoso.

A diferencia del insulso American, en la emisión original para los primeros Torino Coupé que vieron la calle se especificaron nueve diferentes versiones de tapizados: tres en "todo paño de lana", según versión Pininfarina, tres en "tela de nylon y plástico" y tres en "cuero y plástico" (tanto el cuero como la tela, sólo en zona de contacto). Posteriormente en la vida del Torino hubo todo tipo de tapizados, incluyendo a los de dos puertas. Los hubo "todo tela", "tela y plástico", "todo plástico" y "cuero y plástico". En algún momento también hubo cupés con tapizado "todo plástico" por razones de mejor costo.

Sólo algunas unidades fueron retrabajadas en planta con un techo vinílico color negro, porque, según relata Jorge Giovannoni, habían sido dañadas por una tormenta de granizo en Santa Isabel.

Tipos de tapizado

Código	Color	Material
688	Beige	
689	Gris	
790	Negro/gris	
085	Negro	Plástico stretch
091	Beige nogal	
780	Negro	Plástico perforado
882	Beige	Plástico stretch
680	Negro	Cuero perforado
681	Beige	Cuero perforado
682	Azul	Tela
683	Verde	Tela
684	Borravino	Tela
685	Gris	Plástico tela
686	Beige	Plástico tela
883	Beige	Plástico cuero

Para Roberto Duret (gerente de Planificación de IKA), el secreto del Torino era la zona en que fue ubicado dentro del espectro de precios y tamaños, según un testimonio para la revista *Primera Plana* en el año 1967:

> El comprador argentino, fuera de las diferencias individuales y de poder adquisitivo, mostraba ciertas tendencias bastante marcadas. En cuanto a diseño, favorecía a los compactos europeos, pero le gustaban las dimensiones más amplias de los coches americanos, quizá con reticencias frente a los motores de alto consumo de combustible.

Otros deseos del posible adquirente se fueron agregando a esa primera contradicción cuando IKA preguntó a los compradores de la línea Renault qué auto comprarían en el futuro. Se supo, entonces, que el fervor por la mecánica y el estilo europeos no consolaba al volante que debía recorrer las largas rutas argentinas con cuatro personas a bordo de la incomodidad de sus pasajeros traseros.

Finalmente, el poder adquisitivo del comprador medio se veía incrementado gracias al escalamiento ya realizado a partir de unidades más pequeñas.

> El Torino, entonces, vino a ubicarse en medio de la brecha, por encima de los medianos en cuanto a potencia y tamaño, con un precio fácilmente alcanzable a quien ya poseía un compacto europeo (el Torino 300 costaba 1.622.000 pesos, apenas doscientos mil pesos más que el Peugeot 404 común, y menos que el Fiat 1500 Coupé Vignale), y con un diseño tan estilizado como el de los elegantes europeos, y hasta más moderno: era el único 1967 ciento por ciento.

En realidad, aunque IKA apuntaba sus baterías hacia el sector de los compactos europeos medianos (Fiat, Peugeot), no se descartaba que algunas de sus primeras víctimas se dieran en el campo de los grandes, donde la lucha se libraba no sólo a nivel de estatus, sino también en términos de elegancia, un rubro muy especial: buena parte de la clase alta argentina se inclinaba –a diferencia de lo que ocurría en otros países latinoamericanos– más hacia la sobriedad europea que hacia la ampulosidad norteamericana.

Similitud entre el interior de un Ferrari 65 con el Torino 66, ambos diseños de Pininfarina.

Interior de la serie cupé Pininfarina. *Franco Cipolla*

Cupé 380 en foto oficial. *Servicio Fotográfico IKA-Córdoba*

Primer Prototipo "Rambler-Torino" que se construyó. *Departamento Fotográfico de IKA*

Le cupo a un Torino TS de cuatro puertas ser la unidad IKA-Renault número 500.000. *Servicio Fotográfico IKA-Renault*

Protección anticorrosiva por baño de inmersión. *Catálogo publicitario*

Cupé Pininfarina sobre calle San Martín, en Mar del Plata, antes de que fuera peatonal. Circa 1975.

El Torino S al detalle. *Catálogo publicitario*

Reina del Maní en Hernando, provincia de Córdoba.

Test para la elección del Auto del Año 1967. Ganador: el Torino frente al Peugeot 404 y al Fiat 1500 Vignale.

El Torino 300 versión Pininfarina de 1966. *Departamento Fotográfico de IKA*

Torino 380 versión Pininfarina. *Departamento Fotográfico de IKA*

Interior del exclusivo Torino 380 versión Pininfarina. *Departamento Fotográfico de IKA*

Cupé 380 conducido por el periodista Jorge Augé Bacqué. *Autos de Época*

Presentación del Torino en el Autódromo Municipal de Buenos Aires: James McCloud y Oreste Berta. *Gentileza de Kimball McCloud*

Torino 380W de James McCloud, en Oakland, California, Estados Unidos. *James McCloud*

Patrulla de la Policía de Chubut.

Torino SE. *Renault Argentina S. A.*

Torino TS ´74 modelo 626 chasis 02072. Ex Franco Cipolla.

Un taxi Torino en tránsito. Misiones.

Concesionario oficial en Zapala.

Vagón de IKA-Renault para distribución en distintos puntos del país.

Modelos Torino SE son acondicionados para prestar servicio en la policía de la provincia de Buenos Aires. *VEFRA*

Torino TS propiedad del Museo Renault de Francia. *RNUR*

El presidente Raúl Alfonsín en un Torino Grand Routier oficial.

El Torino Grand Routier fue la última versión salida de línea. *Folleto de venta*

Torino S380, propiedad de Fangio, rumbo a Inglaterra, donde sería subastado (año 2013). *www.tutorino.com.ar/foro/*

Línea de montaje de versiones Pininfarina. *Servicio Fotográfico IKA-Córdoba*

Línea de producción de la Versión Pininfarina.

Exhibición en Buenos Aires de los flamantes modelos 1966.

Heriberto Pronello (1936). *Foto: Rex*

HERIBERTO PRONELLO nació en Morteros, provincia de Córdoba, el 2 de febrero de 1936. Estudió en la Escuela de Aviación Militar y se graduó a los veinte años como Ingeniero Mecánico Aeronáutico. Sus desarrollos e innovaciones en aerodinámica fueron objeto de atención por parte del ingeniero norteamericano Durward Leeper, que trabajó en el proyecto del Chevrolet Corvette. Convocado a petición de este ingeniero recién llegado a IKA, ingresó a la fábrica de Santa Isabel en 1965 y de allí comenzó una larga trayectoria como carrocero y hacedor de autos de competición únicos. Pronello fue puesto al frente del programa de desarrollo del nuevo Equipo Oficial IKA junto a Oreste Berta encargado de la motorización de las unidades. Sus diseños más destacados fueron las Liebres-Torino, el Halcón TC y el Huayra-Ford.

9 | Desarrollo deportivo

Las cinco temporadas de carreras: 1967 a 1971

Durante la fase de preproducción, a partir de 1966, Oreste Berta, asistido por Osvaldo Zurcher y equipo, desarrolló las versiones de competición del Torino. Además de las modificaciones para carrera en el motor 380W, el área de Competición experimentó con varias transmisiones y ratios (relaciones) de ejes traseros, se instaló un tanque de combustible más grande, el interior fue desmantelado, las aberturas de las ruedas en los guardabarros fueron ampliadas para las ruedas de carrera más grandes, etcétera. El Torino fue homologado y aprobado para carreras de Turismo de Carretera (TC) a fines de 1966.

El motor 380 fue llevado hasta 3,95 litros. Los asientos de válvulas especiales y las válvulas fueron sustituidos; se pulieron los orificios de escape y admisión del *block*, y se introdujeron un perfil de carrera del compartimiento de la leva, pistones livianos con cabeza más grande y muchas otras mejoras. Las versiones de carrera desarrollaban más de 250 HP a 5.400 rpm y esto estaba acabando con las cuatro bancadas principales del *block,* desarrollado originalmente por Continental para producir menos de 100 HP. En IKA se preocuparon por la sobrecarga de las bancadas y, con la colaboración de Eduardo Genari, se produjo la fundición de un nuevo cigüeñal que mejoró el balance de manera considerable. También se comenzó el rediseño intensivo del *block* que incorporó siete bancadas, probando varios tipos de cigüeñal hasta lograr el apropiado.

Berta había organizado su equipo de pilotos y mecánicos, y armó un camión como taller completo ambulante con repuestos y herramientas. Durward Leeper fue el enlace entre las divisiones de Ingeniería y Competición. Esta última no carecía de experiencia dado que se había formado originalmente, bajo la dirección de Horacio Stevens, cuando ingresaron equipos de la compañía a la clase Dauphine/Gordini. IKA tenía una Gerencia de Competición que funcionaba en Buenos Aires donde se hacía todo, desde la

Accidente sin consecuencias de Julio Guimarey en su Gordini 1093. GP de 1964. El auto perdió el control en la llamada "curva de la muerte" (la entrada al puente en bajada y con peralte al revés) pasando Villa Ciudad Parque hacia Los Molinos, Córdoba.

preparación de los vehículos, incluidos los motores, hasta la planificación de las carreras, la logística, etcétera. Córdoba sólo proveía dinero y piezas. El equipo estaba comandado por Stevens, Rodolfo Fraga y Pedro Campo. Sobre el final de esa época aparecen en las carreras dos Gordini preparados por Oreste Berta, de los que se decía que habían sido preparados "extraoficialmente" en fábrica.

El desarrollo del motor Tornado para TC se realizó totalmente en Buenos Aires en la Gerencia de Competición. Desde 1963 se compitió de manera intensa en la categoría Turismo y a partir de entonces se sucede una cadena de triunfos con los Dauphine, Gordini y 1093. En 1963, 1964, 1965, 1966, 1967, 1968 y 1970, los Renault se imponen en la casi totalidad de las carreras en que participan, y obtienen para la marca los campeonatos argentinos de la categoría Turismo. El Gordini tuvo algunas grandes victorias con Gastón Perkins y Eduardo Copello como pilotos.

Cuenta Heriberto Pronello, por entonces ya un famoso carrocero y que en los inicios de su carrera había ingresado en la escuela de aviación de Córdoba en la misma época en que IAME comenzó la fabricación de los Justicialista:

Cada tres o cuatro carreras, el auto de Berta y Copello les ganaba una a los oficiales, y eso a Stevens le dolía mucho. Tal es así que había un encono personal entre Stevens y Berta. Oreste tenía prohibido ingresar en la parte de Competición pero Pronello no. En el último semestre de 1966, Oreste y Heriberto querían trabajar en un Torino de competición, porque ya se sabía de la férrea voluntad de McCloud de participar en el TC. Pero este dúo, llamado al éxito en un futuro inmediato, no tenía lugar donde trabajar en la fábrica. Es cuando George Harbert les cede un lugar en su sector de la fábrica, en el que apenas entraba un auto. Allí nadie les podría decir nada, porque él era el jefe.[1]

Berta y Pronello trabajaron mucho en el Torino de competición. Recién entonces Berta empezó a tocar motores. Como Berta era *persona non grata* para Stevens y se necesitaban piezas que estaban en el área de Competición en Buenos Aires, Pronello se ocupaba de hacer las "relaciones públicas". Stevens era un hombre mayor que había alcanzado muchos logros como responsable del equipo oficial IKA de competición, con los Gordini, en años anteriores. Tenía 42 personas a su cargo y estaba convencido de que Competición debía estar en Buenos Aires y no en Córdoba. Permanentemente le decía a McCloud que en Córdoba no se podían hacer los desarrollos, por la lejanía con la capital, la dificultad de acceso a los proveedores de piezas, etcétera. Hasta tenía un avión de la empresa a su disposición, con interiores tapizados en piel de cebra, y una caja muy bien surtida de *whiskys* importados. Para conseguir piezas, Pronello llegó a viajar con Stevens a Buenos Aires. Éste le

---

[1] Pronello ingresó en IKA convocado por el ingeniero norteamericano Durward Leeper, un especialista en costos que había trabajado en la GM. Leeper se había interesado en Pronello a partir de la lectura de un artículo técnico escrito por éste sobre cálculos de estructura de una motocicleta. Le propuso que se hiciera cargo de preparar un curso de capacitación en estructuras para los ingenieros de IKA. Pero junto con los cursos, Pronello también se hizo cargo de los Torino de competición.

prometía: "Sí, querido, te lo traigo y lo tenés", pero lo cierto es que pasaba el tiempo y no cumplía su compromiso.[2]

En estas condiciones se llegó a noviembre de 1966, fecha de presentación del auto, al que McCloud ya había decidido hacer participar en el Gran Premio de ese mismo año. Cuando se enteró de lo que estaban haciendo Berta y Pronello en Córdoba, dijo de manera terminante: "El jueves próximo –eso era apenas una semana más tarde–, a las nueve de la mañana, en el autódromo de Buenos Aires, quiero los coches de ambos equipos en línea de partida para ser probados por Juan Manuel Fangio, Carlos Menditeguy, Oscar Gálvez, y demás". Ante la maniobra de Stevens de concentrar todos los recursos en Buenos Aires, lo que podía llevar a Berta y Pronello al fracaso, surgió una interna en fábrica: Córdoba *versus* Buenos Aires. En Córdoba, Pronello es recibido por 25 ingenieros de la fábrica que se ponen a su disposición para lograr el objetivo de llegar a la semana siguiente en Buenos Aires con los autos en marcha y demostrar lo que eran capaces de hacer allí.[3]

Gracias a este apoyo, y a haber trabajado día y noche sin parar, los repuestos, cubiertos de plásticos protectores, viajaron a Buenos Aires a tiempo en asientos de un par de aviones comerciales, mientras los autos se mandaron, desarmados, por camiones. Se terminaron de armar en un galpón y, sobre la hora, fueron llegando al autódromo, donde los esperaba la prueba de fuego con la comparación de los autos de competición de Stevens.

El primer auto que se terminó lo llevó Eduardo Copello. Luego fue el segundo, presumiblemente con César Malnatti. En el último iba el propio Pronello de acompañante. ¡Sorpresa mayúscula, cuenta Heriberto, cuando llegan al Autódromo Municipal! Las sonrisas de su gente lo decían todo. Fangio, Menditeguy y Gálvez habían girado con los autos. Gálvez dijo más o menos así: "Flaco, este auto es maravilloso. Frena y dobla como ninguno. ¡Es excelente! ¡Ojalá hubiera habido un auto así en mi tiempo!". El propio quíntuple coincidió, y ya hablando con McCloud, que le

---

² Ídem.
³ Ídem.

preguntaba si podía correr el Gran Premio, don Juan Manuel dijo: "Está para ganar el Gran Premio".[4]

La situación era complicada. Por un lado, Fangio sostenía que los autos estaban para ganar el Gran Premio y, por el otro, Berta y Pronello entendían que no era posible. Sabían, gracias a espionajes, que los hermanos Emiliozzi, a cargo del equipo de Ford, tenían un auto de 240 kilómetros por hora (km/h) y que ellos sólo disponían de uno de 218 km/h. Fangio decía, con bastante cara de disgusto: "¡Pero estos autos doblan y frenan como ninguno!". Aun así, lejos de dejarse llevar por impulsos juveniles, Berta y Pronello razonaron como experimentados preparadores y respondieron: "Vea, no tenemos que correr el Gran Premio. Los Emiliozzi, llegaron a 240 km/h y nosotros, según nuestros cálculos, apenas estaríamos en los 218 km/h. Es mucha diferencia". McCloud fue terminante: "Tienen una hora para decidir si corremos o no el Gran Premio", y allá se fueron Oreste y Heriberto a un café para pensar qué le contestarían, ellos, dos muchachos de apenas 25 años de edad y sin mayores "chapas", a un consagradísimo ingeniero de tamaña corporación como la Kaiser, presidente de la mayor automotriz de América Latina, acerca de la conveniencia o no de hacer correr su preciado nuevo producto. Vencido el plazo, le dijeron: "No es conveniente correr. Si nos va mal, vamos a dejar mal parada esta belleza". Era mejor prepararse para el año próximo. "Así fue la historia de por qué no se corrió el Gran Premio de 1966, donde finalmente el Torino 380W no fue de la partida."[5]

El retiro del Equipo Oficial IKA de la competencia se hizo público el mismo día que tenían que ir a "sellar" los vehículos al Automóvil Club Argentino (ACA). Se dijo en ese momento que, en camino al ACA, se había descubierto un problema de amortiguadores insalvable. A continuación, el alto mando decidió desarmar la división Competición en Buenos Aires e instalarla en Santa Isabel, Córdoba, a cargo de Oreste Berta.

[4] Ídem.
[5] Ídem.

Héctor "Pirín" Gradassi (derecha).

Toda la historia que conocemos comenzó con el debut de los Torino en "la Vuelta de San Pedro", en 1967. Allí, dos de los tres coches, a cargo de los pilotos Héctor Gradassi y Jorge Ternengo, mantuvieron sus líneas originales, mientras que el tercero, conducido por Eduardo Copello, pasó a utilizar una novedad de diseño implementada por Berta y que daría lugar a los modelos "Liebre". Fue el comienzo de la "sigla histórica": la CGT (por Copello, Gradassi y Ternengo), de inmediata reminiscencia para los argentinos, acostumbrados a escuchar en los medios sobre la otra CGT, la Confederación General del Trabajo.

Cuentan los que estuvieron entre el público que en ningún momento pensaron que el Torino iba a ganar en esa primera demostración, ¡y lo hizo con un neumático en llanta y el caño de escape que estuvo arrastrándose por el suelo durante seis vueltas! Antes de la carrera, un periodista deportivo de sobrenombre "Canguro" le dijo a James McCloud que era imposible que los Torino le ganaran a Ford. Como respuesta, el presidente de IKA le hizo una apuesta: un Torino contra el gorro de lana con un pompón (que era el distintivo del periodista) a que ganaba el Torino. El periodista, sonriendo, aceptó. Gran sorpresa cuando después del triunfo del Torino, McCloud fue a reclamarle el gorro, que luego debidamente enmarcado, se exhibió en la sala de reuniones de la Dirección.

En 1967, el Torino, con la preparación mecánica de Oreste Berta, consiguió el campeonato argentino en las categorías Turismo y Turismo de Carretera. En 1968, IKA-Renault logró los campeonatos argentinos en las categorías Turismo y Fórmula 1. En 1969 se consiguió el máximo galardón al que podía aspirar una empresa automotriz con sus productos en competencias deportivas (hecho que, además, era único en la historia del país): la mecánica IKA-Renault participó en seis categorías nacionales y consagró seis campeones argentinos.

El entusiasmo por el Torino surgía por sus éxitos en el TC, pero esto no alcanzaba para elevar las ventas del auto más costoso de la producción nacional. Al principio, al ser desconocido, fue cuestionado el motor Tornado por los graves problemas que le había causado al Rambler, aunque la División Ingeniería de IKA había resuelto todo y la versión que utilizaba el Torino era el Tornado-Interceptor, más evolucionado que el Tornado-Jet.

En el plano deportivo, el Torino fue exitoso: desde la victoria de Héctor Gradassi el 26 de febrero de 1967 en San Pedro,[6] donde el equipo de la fábrica debutó integrado, además, por Eduardo Copello y Jorge Ternengo, los triunfos se sucedieron y también los títulos argentinos en diversas categorías. El modelo comenzó a escribir una nueva historia en el ámbito deportivo:

- En Mendoza, en la cuarta competencia volvió a triunfar el 380W de la mano de Copello, seguido por Gradassi.
- En el circuito "Onofre Marimón", tres unidades del nuevo producto de IKA ocuparon el podio con Copello, Perkins y Gradassi, respectivamente.
- En la Tercera Vuelta de Ciudad General Pico ganó "el Toro" con Eduardo Copello.

---

[6] En el debut, Gradassi rompió el distribuidor y Berta sacó el de su propio auto de calle y se lo colocó al de "Pirín".

- En Rafaela, Copello, Héctor "Pirín" Gradassi y Jorge Ternengo en el podio (en cuarta posición estuvo un Chevrolet, con seis vueltas de diferencia con respecto al Torino).
- En la Primera Vuelta de Mar del Plata-Miramar ganaron los Torino con Copello, Gradassi y Perkins.
- En el Autódromo de la Ciudad de Buenos Aires, los triunfos estuvieron de la mano de Gradassi, Ternengo y Copello.
- En la carrera del Chaco con 31 inscriptos, donde sólo cinco finalizaron, primero llegó el Torino de Gradassi y, en segundo lugar, el de Gastón Perkins.

Los primeros triunfos provocaban en la fábrica los días lunes verdaderas manifestaciones de júbilo en las líneas de montaje, con banderas incluidas. Muchos directivos y empleados viajaban hacia el lugar de las competencias –algunos en sus autos y los *big shots* en el avión de la compañía–, porque eran épocas de ponerse "la camiseta" y todos soñaban en hacer largas carreras por muchos años en la empresa.

Ante la irrupción de tan formidable automóvil en una categoría deportiva donde tradicionalmente había reinado la vieja polarización Ford-Chevrolet, en algunos autódromos los hinchas de aquellas marcas les arrojaban bulones a los Torino. Aun así, los campeonatos ganados en TC fueron:

- Año 1967 con Eduardo Copello.
- Año1969, con Gastón Perkins.
- Año 1970, con Rubén Luis Di Palma (Categoría A).
- Año 1970, con Eduardo Copello (Categoría B).
- Año 1971, con Rubén Luis Di Palma.

Los campeonatos ganados en Sport Prototipo fueron:

- Año 1969, con Eduardo Copello al volante de un Torino Liebre III.
- Años 1971, 1972 y 1973, con Rubén L. Di Palma (Berta-Tornado).

Los campeonatos ganados en Fórmula 1 Nacional fueron:

- Año 1968, con Eduardo Copello (Cooper-Tornado).
- Año 1969, con Jorge Ternengo (Berta-Tornado).
- Año 1970, con Emilio Bertolini (Berta-Tornado).
- Año 1974, con Rubén L. Di Palma (Berta-Tornado).

El 380W TC número 2 en el "Viejo Mundo" (año 1969).

Torino número 3 en boxes.

Torino número 3 en plena acción

En los años 1969 y 1970 se ganaron los campeonatos en Turismo, con Alberto Rodríguez Larreta (Clase C).

A nivel internacional, en el año 1969 se obtuvieron el cuarto puesto en la clasificación general y el primer puesto en la clase de más de tres mil centímetros cúbicos del "Marathon de la Route".[7]

En las cinco temporadas de carreras entre los años 1967 a 1971, el Torino ganó el campeonato nacional cuatro veces. Se había acabado con las tradicionales victorias de Ford y Chevrolet, y por eso la Asociación de Corredores de Turismo de Carretera (ACTC) modificó el reglamento para "frenar" a los Torino, y por eso IKA-Renault decidió retirar el equipo.[8] Inicialmente, bajo las regulaciones del TC se pudieron hacer ciertas alteraciones al vehículo básico sin descalificación. Los modelos "Liebre", que tenían cambios en la carrocería diseñados por el ya famoso Heriberto Pronello, fueron producidos en distintas variantes –Liebre I, I y ½, II y III– con cambios en los perfiles delantero y trasero para una mejor aerodinámica, un leve acomodamiento de la ubicación de los motores para un mejor balance y ajustes continuos de Berta.[9]

Las Liebres

El primer Torino bautizado como "Libre I" fue el que corrió Eduardo Copello en el debut del equipo en la Vuelta de San Pedro. Ese auto era un casco convencional alivianado (IKA producía

---

[7] Ver apartado "La misión argentina a Nürburgring" en este mismo capítulo.

[8] En 1972, la ACTC impone una serie de restricciones técnicas al producto de IKA, como el uso de un solo carburador en lugar de los tres que traía de fábrica. Se suponía que el objetivo era poner a las demás marcas en un plano de igualdad, pero lo cierto es que, como siempre, se terminó favoreciendo a Ford.

[9] El relato acerca de la llegada de Oreste Berta a la dirección del área de Competencias de IKA ha sido tomado de Ochoa, Jorge Alejandro y Sarín, Pablo Esteban, "Cena con Heriberto Pronello", 14 de octubre de 2012, http://www.tutorino.com.ar/foro/topic10389.html?hilit=Cena). En rigor, la Liebre I y ½ apareció después de la II (ver tópico "Cena con Heriberto Pronello" en el foro de tutorino.com.ar (http://www.tutorino.com.ar/foro/topic10389.html?hilit=Cena).

cascos alivianados tanto para su equipo como para la venta a particulares) que había recibido Horacio Stevens para prepararlo con intenciones de correr el Gran Premio de Carretera del ACA el año anterior. Como Stevens fue despedido por McCloud el día de la presentación del Torino en el Autódromo Municipal --junto a todo el equipo de Competición de Buenos Aires, Rodolfo Fraga, Pedro Campo, etcétera--, Berta le introdujo modificaciones y lo integró al equipo oficial. De ahí en más sólo se trabajó con el equipo de Córdoba liderado por Berta y Pronello.

Ternengo y Gradassi utilizaron los cascos de serie mientras Copello corrió con el "modificado". A este auto, la Liebre Mk I, además de su revolucionaria trompa, se lo había equipado con un nuevo sistema de suspensiones que le permitía una mejor tenida en ruta respecto a su "hermano mayor". Estas soluciones, sugeridas por Berta para el diseño de los vehículos del equipo oficial, llevaron a Pronello a proyectarse una vez más y experimentar mejoras en el diseño de la Liebre. Fue entonces que decidió implementar nuevos parámetros en el vehículo: acortó el chasis, lo que le permitió agregar una trompa con una sección un poco más

La Liebre-Torino, James McCloud (de traje), y el equipo de Competición. *Departamento Fotográfico IKA*

afilada, y corrió el motor unos centímetros más hacia adentro del habitáculo. De esta forma, Pronello creaba una nueva etapa en la evolución del "Torino Pronello", que se denominó "Liebre Mk I y ½ Torino". Esta Liebre introducía como novedades –junto con el recorte en el chasis y la reubicación del motor que permitía una mejor distribución de pesos– el desarrollo de nuevas suspensiones, con modificaciones en los puntos de anclaje de los tensores que mejoraban la tenida. Fue presentada unas carreras después que la Liebre I y su conducción estuvo a cargo de Jorge Ternengo.

Sin embargo, el prototipo experimentó su evolución más radical ese mismo año a causa del vertiginoso avance que planteaba la nueva reglamentación, presentándose un nuevo diseño a mitad del campeonato.

La llegada de la Liebre Mk I y ½ hizo que las demás terminales se replantearan el uso de sus unidades de competición para el TC. Ford Motor Argentina fue la primera en dar la respuesta al planteo de Berta y Pronello y puso en pista el Stevens-Ford, un prototipo diseñado por Alain Baudena y utilizado por la firma para su equipo oficial. La atención de este vehículo estaba a cargo del viejo conocido de IKA, Horacio Stevens, quien para motorizar estos coches implementó los motores V-8 de las camionetas F-100. Luego fue General Motors, con la evolución del "Chevitú", la "Garrafa" y el "Barracuda". Esta camada de prototipos dejaba a IKA en desventaja, por lo que nuevamente Pronello se puso en campaña para diseñar un prototipo que neutralizara el avance de la competencia. La respuesta a todo este desafío fue bautizada con el nombre de "Pachamama" y más tarde como "Liebre Mk II Torino".

La Liebre Mk II fue la evolución más radical del prototipo, que había nacido para las competiciones. Del diseño original del Torino apenas le quedaban el motor y la caja de cambios. Para este modelo se tomó como base el carrozado del Torino, al que se le cortó el baúl, la trompa y el techo, y se le adaptó el chasis de la Liebre Mk I y ½, con una trompa similar. Pero el cambio más evidente lo tendría en el techo, ya que para su diseño se utilizó el de un Renault Dauphine adaptado para el nuevo carrozado. La parte trasera del coche presentaba un diseño que recordaba a los viejos automóviles familiares, pero era tan aerodinámico que nunca precisó el uso de alerones para su desarrollo.

El debut del nuevo modelo se dio el 17 de agosto de 1967 con dos unidades disponibles para los dos pilotos principales de la escuadra, Copello y Gradassi. Recogió tantas admiraciones como críticas, y las dos unidades terminaron con sus parabrisas rotos y con varias sospechas sobre las causales de dichas fallas. Sin embargo, aun con todos estos condimentos, la oposición nunca pudo estar a la altura de estas maravillas creadas por Pronello y preparadas por Berta, lo que desembocó en un dominio absoluto de la Liebre Mk II y con el campeonato de Copello en el historial del TC.

En el año 1968, Pronello lanzó la Liebre III, la mejor de todas según él, con lo mejor de cada una.

La derrota infligida por el "Trueno Naranja" de Chevrolet llevó a Oreste Berta a presentar una nueva evolución de la Liebre-Torino, Liebre Mk II B, ya sin el apoyo oficial de IKA. Finalmente, para 1969, se decidió rediseñar la carrocería de la Liebre Mk II: modificó la caída del techo en la parte de atrás, dándole un perfil más afilado y mayor coeficiente aerodinámico. En materia de suspensión o chasis, el nuevo diseño mantuvo las características de su antecesor, pero se reformaron el torpedo y la ubicación de las butacas para mejorar la distribución de pesos. Era el "Pronello Nova", mejor conocido por los usuarios como Liebre Mk III Torino. Su primer conductor fue Gastón Perkins, quien se llevó el título de 1969.

Al no estar más vinculado a IKA, ese año Pronello decidió rescindir la exclusividad de sus diseños y ponerlos a disposición de los pilotos de otras marcas, quienes mostraron su interés por desarrollar este prototipo con impulsores de Ford o Chevrolet.

En los años siguientes, las Liebres siguieron dominando las acciones en el terreno de juego y sumaron un título en 1970, nuevamente de la mano de Copello. Pero en esta oportunidad, con el fin de dar mayor participación a los modelos de producción se crea la Fórmula A y, en paralelo, la Fórmula B, que terminaría convirtiéndose unos años más tarde en el Sport Prototipo de Argentina, la categoría que alberga hasta el día de hoy los prototipos más vistosos del país. Precisamente, Copello se llevó el título de la Fórmula B con la Liebre Mk III y ganó la corona de la Fórmula A.

Los hacedores: Oreste Berta y Heriberto Pronello con un prototipo de Liebre. *Gentileza Kimball McCloud*

380W TC

Con el Torino cupé de tres carburadores, IKA no sólo revolucionó el TC, sino que cambió la manera que un piloto podía hacerse de un automóvil para competir. Hasta entonces los autos de TC de los corredores independientes eran *fatto in casa*.

La fábrica cordobesa lanzó al mercado un coche "carrera-cliente" casi de venta libre. No fue un prototipo porque podía adquirirse en una concesionaria, pero, aunque estos autos eran fabricados como cualquier otro, era necesario poseer carné de piloto para comprar uno. De todas maneras, el coche era "de serie" porque lo proveía la misma fábrica y la opción aparecía con precios de lista.

Es bien sabido que en aquellos dorados años del automovilismo argentino, éste era un deporte de *bon vivants* y muchos señores de vieja alcurnia criolla despuntaban el vicio enfrentándose a los pilotos que auspiciaban las fábricas terminales.

Nació así el Torino 380W TC (aunque para el certificado de fabricación era "380W" a secas y no hay registro de cuántos se fabricaron). Carecía de paragolpes, el capó y la tapa del baúl eran de plástico (para que fuera más liviano) y los guardabarros estaban recortados para equipar ruedas más anchas y que sobresalieran a la carrocería. Tenía características mecánicas similares a los que participaron en Nürburgring en 1969 aunque los coches comenzaron a ofrecerse en 1967. La diferencia, más allá de algunos retoques mecánicos, radicó en que no se permitió en la carrera europea que las ruedas sobresalieran a los guardabarros y, entonces, se fabricaron unos postizos de aluminio para mantener la línea del coche.

La refrigeración del motor se aseguraba con el frente abierto longitudinalmente debajo de la grilla y con un radiador de agua y aceite combinado. En el interior se eliminaron el asiento trasero, moquetas, alfombras de goma, paneles tapizados de puerta (los autos de Nürburgring los tenían), consola, radio, calefactor y manijas levantavidrios; las ventanillas eran paneles de plexiglás, los parabrisas estándar y la luneta de acrílico.

Los 380W TC tenían chapón protector para cárter y transmisión, butacas de competición sin reglajes, y tanque de nafta plástico para 140 litros. Eran obras de Heriberto Pronello.

Existieron una serie de opcionales que podían diferir entre el casco que salía de fábrica y el que entregaba el concesionario al cliente pues el libro de elementos para competición de Torino y Gordini siempre traía algún *plus*. Esto en verdad equipaba casi exclusivamente a los modelos de serie que el cliente deseaba personalizar pues los 380W TC seguían las normas de fábrica y era raro que hubiera diferencias.

Se entregaron unos ciento cincuenta cascos alivianados en 1967 y después el modelo perdió vigencia porque las Liebres irrumpieron en la escena. Es de destacar, entonces, que las W TC que corrieron en Alemania eran cascos estándar no alivianados y que sólo contaban con la preparación mecánica y estética.

El motor era lo que establecía el reglamento. Nunca fueron prototipos, como alguna vez se dijo, y así básicamente luego corrieron en Alemania. La capacidad cúbica de los cilindros se extendía casi hasta los cuatro litros debido a los pistones de mayor diámetro. La relación de compresión se elevaba a 10,5:1 con la cabeza del pistón en forma cónica para evitar roces entre el pistón y las válvulas por el aumento de compresión. Unos 250 HP SAE de potencia lograban la velocidad de 230 kilómetros por hora lanzados. Quien haya andado en alguno sabe de qué se trata. Los carburadores tenían

380W TC. Exclusivo coche "carrera-cliente" provisto por la fábrica. *Prensa*

distinto reglaje más balancines, válvulas, asientos de válvulas y árbol de levas de competición.

A pesar de ser un auto de carrera, era más barato que uno de calle y de mucho menor peso: 945 kilogramos contra 1.470.

La misión argentina a Nürburgring

Del 19 al 23 de agosto de 1969, un equipo con diez pilotos argentinos y tres unidades Torino 380W enfrentaron a grandes equipos de fábrica semioficiales y particulares en el Marathon de la Route, Nürburgring, Alemania. Los argentinos estuvieron punteros por más de la mitad de la carrera. El único que alcanzó llegar a la meta finalizó cuarto, mientras la República Argentina vivió despierta la marcha de los autos, construidos por obreros argentinos, en Alemania durante cuatro días. Así, la gran hazaña demostrada por uno de los mejores autos de todos los tiempos se convirtió en un suceso único en la historia automovilística argentina.

En febrero de 1967 había debutado el equipo oficial IKA en Turismo de Carretera (TC). Berta era el preparador y los pilotos eran Eduardo Copello, Héctor Gradassi y Jorge Ternengo. Gradassi ganó esta primera carrera. En el Campeonato 1967, los Torino arrasaron con todo, pero igualmente había que buscar una competencia fuera del país para demostrar la capacidad del auto argentino a fin de poder venderlo en otras latitudes. En febrero de

1968, Berta y Gradassi viajaron a Europa con un cupé 380 equipado con tapa (culata) y leva de TC más tres carburadores Weber de doble boca. Lo hicieron para recorrer los caminos del rally de Montecarlo, pero el Torino no se adaptó al circuito de cornisa. El auto tenía una caja de transmisión ZF 2.42, con un diferencial 2.87, es decir, apto para ir en una recta larga a fondo, pero nunca para la nieve y con la permanente necesidad de doblar. De cualquier modo, Gradassi quedó encantado e hizo parciales respetables, dando todo ese hándicap. El auto era el que había ganado el Gran Premio del Automóvil Club Argentino de 1967 con Eduardo Rodríguez Canedo al volante.

Hacia agosto de 1968, Oreste Berta y Juan Manuel Fangio se encontraban promocionando el Torino en Europa y la fábrica les mandó un 380W de color rojo, estándar, que desembarcó en el puerto de Hamburgo.

Fueron a buscarlo Fangio y su hijo, Berta, Carlos Lobbosco y varios periodistas. Fangio quiso probar el automóvil en el circuito de Nürburgring, donde había obtenido su quinto título de campeón mundial de Fórmula 1 en 1957, y hacia allí se dirigieron todos. Cuenta Jorge Alejandro Ochoa, retomando el relato del propio Carlos Lobbosco:

> El auto era básicamente estándar, con algunos retoques
> en motor y suspensiones. Lo manejaron alternativamente
> Fangio y Berta. Oreste anduvo muy fuerte. Fangio más aún.
> Dieron muchas vueltas, y quedaron más que conformes y
> convencidos de que se podía ir a esa carrera.
>
> [...]
>
> El Torino rindió excelentes tiempos: habían encontrado
> la prueba ideal. ¿Qué pasó con el 380W rojo, de las pruebas?
> Quedó en Alemania. Fue entregado en la Embajada Argentina,
> y ahí quedó en la representación diplomática argentina.[10]

---

[10] Ochoa, Jorge Alejandro, "Cena con Carlos Lobbosco en el Club Amigos del Torino", 13 de julio de 2012, en http://www.tutorino.com.ar/foro/topic9891.html (fecha de acceso: 24 de febrero de 2014).

Más allá del rico relato del señor Lobbosco, en retrospectiva, IKA-Renault preparó tres Torino modelos 380W (de 1969, contrariamente a lo que se dijo otrora que eran de 1967) más veintiocho cajones de repuestos (dos de los vehículos los equiparon con válvulas más grandes). El tanque de combustible de cada auto –realizados por Heriberto Pronello con material plástico– podía albergar 140 litros de nafta. Los pasarruedas fueron recortados y se agregó una aleta que sobresalía cinco centímetros para que los neumáticos no quedaran fuera de la línea de la carrocería. Los frenos delanteros fueron equipados con discos ventilados, y los traseros se mantuvieron estándar. Los carburadores Weber de cuarenta milímetros estaban provistos con las bielas del Tornado OHC-181, más largas, mientras que los pistones eran más cortos. Con todo esto, los Torino podían llegar a 230 kilómetros por hora de velocidad máxima, con 250 HP SAE a 5.200 rpm. Al principio, el par máximo iba a estar en el orden de las 4.300 rpm, ya que el ingeniero Leeper, quien había preparado los motores en fábrica, y no Berta, no quería que sobrepasaran las cinco mil rpm.

El 28 de junio de 1969, los autos partieron en el carguero *Río IV* de Empresa Líneas Marítimas Argentinas (ELMA). Yacimientos Petrolíferos Fiscales (YPF) donó los pasajes de los pilotos que viajaron luego. A fines de julio voló Berta y en agosto, Fangio. La delegación fue coordinada por Tibor von Teleki[11] y Carlos

[11] Tibor von Teleki era un noble húngaro naturalizado argentino que había emigrado a nuestro país en 1950 a causa de la invasión comunista a su patria en la posguerra. Teleki había defendido a Alemania durante la Segunda Guerra Mundial; tenía apenas dieciséis años en 1944 y desde su puesto de soldado raso operó cañones de artillería antiaérea. Sobre finales de la guerra cayó prisionero de los Aliados. No sólo él era conde de Hungría, sino que su familia, junto a la de Károly, es la que más gobernantes dieron a Hungría a través de la historia. Un hermano de Teleki se radicó en el Paraguay y otro pariente, George Havas, fue un destacado ingeniero en Kaiser en Estados Unidos. Teleki hizo su vida en Argentina y se casó con Ester González, descendiente directa del autor Joaquín V. González. Cuando llegó a Buenos Aires, él y su padre consiguieron trabajo en el Claridge Hotel, donde a la sazón se alojaban los ejecutivos de Kaiser. Un norteamericano, impresionado por la soltura y la capacidad del húngaro de hablar varios idiomas a la perfección, llevó al joven chofer Tibor a trabajar al Departamento de Relaciones Públicas de IKA en 1958, empresa en la que permaneció hasta 1991. Siempre en el área de Relaciones Institucionales,

Lobbosco, más allá del liderazgo lógico de Fangio; la asistencia en pista quedó a cargo de Berta.

Los encargados de los motores fueron los ingenieros Jesús Peón y Durward Leeper. Ellos entregaron los tres autos de carrera al "Proyecto Fangio". El auto número tres conducido por Copello, Oscar "Cacho" Franco y "Larry" sorprendió a sus rivales terminando primero en su categoría y cuarto en la clasificación general. Por número de vueltas, el Torino hubiese ganado la carrera por dos giros de ventaja al segundo, pero una penalización le sacó el triunfo absoluto de las manos.

Como fuera, el Marathon de la Route de Nürburgring fue el suceso del Torino. La Argentina vivió despierta las noches que este auto giraba en Alemania. En las oficinas, las radios atronaban los aires y en fábrica se paraban las líneas de producción mientras los relatores, entre los que se destacaban Luis Elías Sojit e Isidro González Longhi, lanzaban a través del océano las hazañas de los Torino. Y no sólo en Santa Isabel; Ford, en Pacheco, tuvo que hacer lo mismo. A diferencia del fútbol, todos los argentinos alentaron el auto que representaba al país, sin distinción de banderías.

El miércoles 20 de agosto de 1969, a la una de la madrugada, en el circuito largo de Nürburgring (de 28.290 metros de extensión), la "Misión Argentina" se aprestaba a comenzar el Marathon de la Route. Ya había concluido el largo enlace desde Lieja, Bélgica, que había comenzado a las seis de la tarde del martes 19 de agosto y los autos estaban alineados para largar la extenuante prueba de *endurance,* conocida popularmente como las "84 Horas de Nürburgring". En primera fila se ubicaron los tres Torino 380W que habían llegado desde la Argentina para intentar la hazaña de llegar entre los diez primeros, como Fangio le había asegurado al presidente de IKA-Renault Yvon Lavaud, si los autos lograban terminar la carrera. El auto de la derecha era el de Carmelo Galbato, a su izquierda estaba el número 2, con Jorge

---

Teleki manejó con reconocida profesionalidad los vínculos de la empresa con el gobierno, la competencia y otras organizaciones. Falleció en Buenos Aires a los sesenta y nueve años en 1997.

Cupeiro al volante, y más allá se encontraba "Larry" Rodríguez Larreta, en el Torino número 3.

Ante la señal de un comisario de pista, los motores se pusieron en marcha. En los boxes se agrupó el resto de la delegación esperando la partida. Oreste Berta se destacaba a simple vista por su campera Bosch color amarillo rabioso de entre el azul y rojo de las camperas Fric-Rot de los mecánicos. A su lado, no menos ansiosos que los que ya estaban por acelerar, los otros pilotos aguardaban su turno. Di Palma y "Cacho" Fangio sucederán luego a Galbato en el auto número 1, Perkins y Rodríguez Canedo también conducirán el número 2, y Franco y Copello lo harán con el número 3. Néstor García Veiga, el "Nene", oficiaba de piloto suplente.

Fangio había indicado circular a un ritmo de 18 minutos por giro para que les sobrara margen. En la primera detención de cada uno de los Torino, Di Palma, Perkins y Copello relevaron a sus compañeros, para que a las cuatro de la mañana, cuando debían entrar en la vuelta que llamaban de "largada efectiva" –la décima–, los pilotos más rápidos estuvieran a bordo.

El miércoles 20 de agosto, a algo más de las cuatro de la mañana, el Porsche oficial que circulaba al lado de Perkins, quien aceleraba a fondo, era un gran rival; a la derecha estaba Copello. Mientras tanto, Di Palma había calculado mal el tiempo para pasar por la línea de meta. Perkins disputó los primeros kilómetros con el Porsche oficial, pero luego siguió tranquilo; del segundo

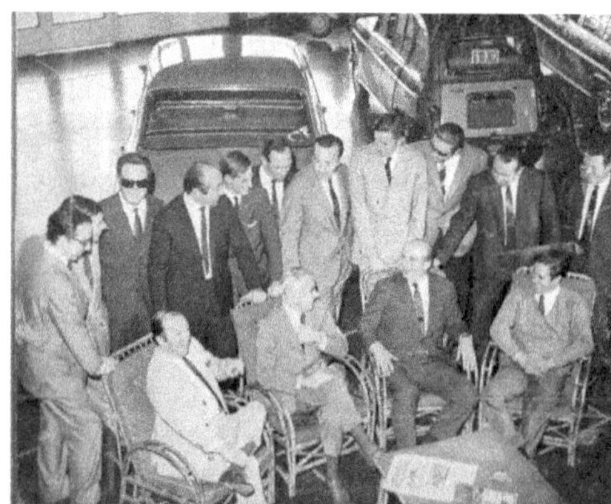

La "Misión Argentina" a Nürburgring (año 1969), Alemania, reunida. Ver detalle del R4 Parisienne, del que sólo se produjeron 100 unidades. *Parabrisas-Corsa*

puesto no bajaba. Sabía que tenía que estar muy concentrado porque aquella competencia no perdonaba. Él la conocía bien y, sin embargo, en los entrenamientos había chocado uno de los dos Renault 16 llevados como muletos (también un par de Ford Taunus sirvieron para entrenamiento). Pero lo peor había sido que el "Chino" Rodríguez Canedo tuvo problemas con los frenos del Torino número 1 y lo chocó al salirse de pista.

Se iba a utilizar entonces el Torino muleto que había participado el año anterior en las pruebas previas al Rally de Montecarlo, con Gradassi y Berta. Fue allí cuando el periodista (devenido biógrafo de Fangio) Roberto Carozzo le pidió las llaves a Oreste Berta para que Lucette Pointet y Jean-Claude Oggier (pilotos oficiales de Citroën) lo condujeran por los caminos de cornisa que llevan del Principado a Niza. "Este auto es superior al Mustang –auto con el que ambos ya habían competido o quizá, más acertado, probado–. Ustedes debieran correr en el Rally de las Flores o en Nürburgring", fue el acertado comentario. Un mes después, el navegante de Lucien Bianchi –otro de los pilotos de Citroën en Montecarlo 1968– le enviaba a Carozzo el reglamento del Marathon de la Route, que el periodista, a su vez, puso en manos de Carlos Lobbosco. Así cuenta la leyenda.

Volviendo a la carrera en sí. Oreste, al que también le gustaba –y le gusta– manejar rápido, volcó el muleto en Nürburgring y lo dejó peor que el Torino de Canedo, por lo que hubo que reparar de apuro el chocado por el "Chino". Después de tres días de arduo trabajo, "la banana" (así rebautizaron al Torino número 1) quedó listo y preparado para entrar en acción. Ya bien en carrera, se largó a llover tanto que parecía un diluvio. El Porsche número 11 de

Parte de la "Misión Argentina".

Ya en carrera delante de un Lancia Fulvia. *El Gráfico*

Kauhsen-Linge-Steckkoning tomó la punta, seguido por el Ford Capri número 7 de Glemser-Piot-Schenken. Detrás quedaron dos de los Torino, los números 2 y 3.

Un auto rojo apareció tirado debajo del puente; como Perkins lo intuyó, era el tan temido Porsche. Más adelante se quedó el Ford Capri. Después de la lluvia, uno de los Torino estaba en punta. Lo seguía Copello con el "Toro 3".

Pasado el amanecer, el Torino número 3 seguía al frente con firmeza y el número 1 ("la banana") había alcanzado la quinta posición. Cupeiro, ya siendo el 21 de agosto, se había despistado en el kilómetro 13 y quedó montado en un bordo de tierra, por lo que no pudo regresar a pista. La carrera continuó y la lluvia paró, pero apenas por un rato. Mientras tanto, las preocupaciones de los integrantes de la escudería argentina estaban concentradas en cómo el desarrollo de la carrera afectaría los frenos. Berta y Fangio coincidieron en tratar de aguantar sin cambiar las pastillas de frenos y les pidieron a los pilotos que giraran entre 13 y 13 minutos y medio por vuelta durante el día y en seco. De noche, o bajo lluvia, se debía aumentar el ritmo en un minuto.

El auto número 1, que fuera reconstruido en base a otros dos chocados, en la previa fue tripulado por "Cacho". Él mismo contó que el auto no quedó bien. Tenía el diferencial desplazado algunos centímetros de su posición, de un lado, y llevarlo derecho era muy

Despiste en Nürburgring, 1969.

complicado. Y en la lluvia era aún peor. La "banana", el Torino número 1, el de la trompa roja, había sido concebido para correr y tenía refuerzos estructurales de los que el 380W de serie carecía. Junto con Pablo Macagno, un chapista, y la colaboración de varios muchachos dejaron el auto bastante bien y Di Palma, con gran destreza, lograba maniobrarlo.

A la mitad de carrera, los dos Torino sobrevivientes iban primero y tercero, respectivamente. Rodríguez Canedo intentaba por todos los medios convencer a Juan Manuel Fangio de que se fuera a descansar. Pero el "Chueco" sabía que recién en ese momento comenzaba la carrera, y él debía estar con los muchachos. Y Fangio no se equivocaba. El viernes 22 de agosto, cuando se cumplían dos jornadas enteras de vueltas y vueltas sin descanso, de los 79 autos anotados inicialmente solamente 34 quedaban en pista.

El segundo abandono de un auto del equipo argentino se debió a un despiste de lo más tonto. Di Palma estaba manejando y lo contó así: "De golpe, me quedé ciego; se habían apagado las luces del auto. Lo peleé, traté de adivinar la curva, doblé, pero ya me había pasado del radio. Hice todo lo que pude, me fui afuera y ya no pude regresar". Así, el "Loco" Luis llegó llorando a boxes. Con los Torino números 2 y 1 afuera, el número 3 era el único sobreviviente de la "Misión Argentina", y en primer lugar. Pero el rigor de una competencia tan ardua y exigente se hizo presente una vez más: el caño de escape del "Toro" estaba suelto.

En sí, la tarea de atar el caño de escape con un improvisado alambre le llevó a Copello dos minutos con cuarenta y cinco segundos, con lo que el auto fue multado con tres vueltas de descuento. De esa manera dejaba de ser puntero de la competencia, luego de 57 horas al frente, y el Ford Capri número 7 pasaba a comandar las acciones. A la una del mediodía del viernes 22 de agosto la preocupación estaba centrada en alcanzar nuevamente al Ford, que iba cinco vueltas adelante. Oreste Berta tenía deseos de indicarles a los pilotos que giraran unos treinta segundos más rápido por vuelta, para lo que el Torino estaba preparado, pero Fangio dijo simplemente que si querían tomar la punta, que lo hicieran, de todas formas faltaban veinticuatro horas para que finalizara la carrera. El Torino siguió al mismo ritmo y unas horas después, el Ford Capri, que estuvo un día entero a un promedio de trece minutos por vuelta, no aguantó y debió abandonar.

Por la noche de ese viernes, el Torino conducido por Copello, "Larry" y Franco marchaba en quinto lugar, a tres vueltas del Mazda número 29. Había que apurar el ritmo. El motor, en teoría, aguantaría, ya que en fábrica eran probados a 5.500 rpm durante cien horas. A la medianoche el número 3 entró en la misma vuelta que el Mazda y un poco más tarde lo superó. Las siguientes horas fueron las más tensas. El objetivo principal era terminar la carrera, cueste lo que costare. Por eso y aun sabiendo que el auto tenía la autonomía suficiente como para finalizar sin inconvenientes, Fangio y Berta le mostraron a "Cacho" Franco el cartel con la leyenda "Nafta". Al salir, la intención era completar ese circuito antes de que el reloj marcase las 13.00 horas, así tendrían oportunidad de completar un giro más y convertir al Torino número 3 en el auto que más vueltas reales cumpliera.

En el cuarto puesto de la clasificación general, Franco cruzó la meta a las 12.48 horas y comenzó la última de las 334 vueltas del único sobreviviente de la "Misión Argentina". A las 13.00 horas de Alemania finalizaron las 84 horas, y a las 13.11 horas cruzó el Torino número 3 con Cacho Franco al volante, clasificándose en el cuarto lugar. La hazaña había finalizado.

Clasificación en Nürburgring

Posición	Número	Marca	Vueltas totales	Computadas
1	38	Lancia Fulvia 1.6	332	322
2	26	BMW 2002	319	318
3	4	Triumph TR 5	315	315
4	3	Torino 380W	334	315
5	29	Mazda R100 Coupé	322	311
6	15	Porsche 911	311	309
7	21	BMW 2002	305	303
8	20	BMW 2002	304	302
9	33	Fiat 125	300	300

Los tres autos originales de Nürburgring y que corrieron las Mil Millas 2014 desde Bariloche y hasta Chile. *Prensa*

El mito de los autos que participaron

Los 380W TC embarcados, de 3.950 centímetros cúbicos de cilindrada, estaban equipados con diferencial Transax similar a los de las Liebres (relación 3,07) y caja ZF 2,42. Los frenos delanteros eran de discos ventilados hechos por Giampaoli y Berta, mientras los traseros se mantenían con campanas aunque modificadas. Por su parte, la bomba de freno, marca Rosli, era de doble circuito para competición. El radiador era combinado para agua y aceite, de marca Prats, y contaba con instrumental en el tablero adicional para indicar la temperatura del aceite (utilizando un reloj de temperatura de radiador de agua pero con la leyenda "aceite"), y voltímetro que los autos de serie no tuvieron hasta el *restyling* de 1970. Los amortiguadores eran refrigerados de competición de marca Fric-Rot, por entonces bajo licencia de "Gabriel" de Estados Unidos. Los capós y tapas de baúl, siempre para los tres autos, eran de plástico también fabricados por Heriberto Pronello.

Los vaivenes de la fortuna hicieron que el auto número 1 fuera el chasis número nueve (código 623) de la producción de 1969 de 380W. El auto número 2 fue el chasis siete y, finalmente, el cupé número tres fue el chasis ocho.[12] Es interesante destacar que el auto exhibido en el Museo del Automóvil de Buenos Aires, es un ex Turismo Mejorado (TM), Grupo 2, que fuera propiedad de Vicente Edreira, y que se mantuvo inalterable, sólo pintado como "la banana", sin cuidar los detalles de hacer una réplica ciento por ciento original. Ese modelo, originalmente de color Azul Bahía y no Blanco Los Andes, como los que corrieron en Alemania, es un 1967 (de rejilla larga, cuando los '69 que fueron a Alemania eran de rejilla corta), fabricado aún en los tiempos de Industrias Kaiser Argentina (es decir, antes de que Renault tomara la dirección a fin de octubre de ese año) y fue empadronado con el dominio de la provincia de Buenos Aires B 033918, chasis número 06379 y motor 7043396.[13]

---

[12] Estos autos, que al momento de disputarse la maratónica competencia tenían chapas-patentes municipales de la ciudad de Córdoba, fueron empadronados en el Registro Nacional de la Propiedad del Automotor a fines de octubre del mismo año. Las matrículas, entonces, fueron la de la provincia de Córdoba X 022296 para el auto que corrió con el número uno; X 022295 para el cupé número dos; X 022292 para el el número tres. Hoy estos automóviles están reempadronados, según la reglamentación puesta en vigencia en diciembre de 1994, por los actuales propietarios de los autos número 1 y número 2; y el número 3, que estaba a nombre de Ciadea, antecesora de Renault Argentina S. A., fue donado por la empresa al Museo Juan Manuel Fangio, donde se lo exhibe actualmente.

[13] De la categoría Turismo Mejorado poco se recuerda por estar a la sombra del Turismo de Carretera. Nació como Turismo Standard (prácticamente todos motores estándar o con un mínimo nivel de preparación, casi nulo), luego fue Turismo Mejorado Anexo J (acá sí había un poco de preparación, aunque se conservaban la mayoría de los componentes originales), siguió como Turismo Grupo 2 (símil TC) y, finalmente, Turismo Nacional + Rally. Anexo J es el anexo J del Código Deportivo Internacional de la Federación Internacional del Automóvil (FIA), cuyas categorías se dividen en grupos. Lo que acá se conoció puramente como "Anexo J" era, en realidad, Anexo J Grupo I. Después se organizaron competencias de Anexo J, Grupo II, y todo el mundo le decía Grupo II, como si fuera algo distinto del Anexo J, siendo parte integrante de éste. Con los cuatro campeonatos ganados por Torino en TM se llega a diez en total para los años 1967 a 1971, aunque en la práctica debieran ser más, si se tienen en cuenta los de SP y MA F-1.

El 380W de TM de Vicente Edreira corriendo en Rafaela junto al auto de Edison Valsagna. La unidad del corredor oriundo de Las Flores es el que hoy se exhibe en el Museo del Automóvil de Buenos Aires aunque con otra decoración. Es un 1967 de color Azul Bahía (código de pintura 166), chasis número 06379 y motor 7043396.

El número 1 aún sin el número asignado. Hoy es propiedad del coleccionista Daniel van Lierde. *Ex archivo Parabrisas-Corsa. Gentileza Carlos F. Figueras*

El número 2 aún sin el número asignado. Hoy es propiedad del amigo y vecino del autor, Mario Suárez. *Ex archivo Parabrisas-Corsa. Gentileza Carlos F. Figueras*

El número 3 en revisión. *Ex archivo Parabrisas-Corsa. Gentileza Carlos F. Figueras*

Puerto de Buenos Aires. El "maestro" Copello al centro.

Puerto de Buenos Aires. Los tres Torino alineados.

El Torino # 2 de Nürburgring cuando ya había sido vendido.

El Torino # 3 de Nürburgring en distintas exhibiciones por el interior del país.

Carta del presidente de IKA-Renault.

FELICITO AL SEÑOR PRESIDENTE DE IKA - RENAULT POR LA BRILLANTE ACTUACION DE LOS AUTOMOVILES TORINO EN NURBURGRING PUNTO ESOS TRES ALTOS EXPONENTES DE LA INDUSTRIA NACIONAL FUERON LAS HERRAMIENTAS APROPIADAS PARA QUE LA MISION ARGENTINA PUDIERA LOGRAR TAN DESCOLLANTE ACTUACION EL SALUDO QUE HICE LLEGAR A LOS VOLANTES Y TECNICOS QUE INTEGRARON EL GRUPO AGREGO MI FELICITACION A ESA EMPRESA QUE TUVO TANTA PARTICIPACION EN ESTE BRILLANTE HECHO PARA NUESTRO HISTORIAL DEPORTIVO = JUAN CARLOS ONGANIA = PRESIDENTE DE LA NACION =

Telegrama del presidente Onganía.

Preparación del Torino especial de Jorge Cupeiro para correr en Anexo J. Cupeiro lo corrió algunas carreras y después lo hizo Papín Jaras en TC, así tal cual sin los guardabarros recortados. *Archivo Autos de Época*

El "Cuadrado" de Peduzzi (hoy en recuperación, propiedad de Mario Suárez) con motor Tornado se disputa frente a un Torino.

El presentador de TV Pipo Mancera junto a auto y protagonistas del Raid Buenos Aires-Nueva York, 1969.

El modelo "Ensayo 122" utilizado para pruebas preliminares. *Ex archivo Parabrisas-Corsa. Gentileza Carlos F. Figueras*

Carrera en el circuito de 25 de Mayo, provincia de Buenos Aires, en 1971. *Auto-Moto Club de Azul*

Horacio Pagani y Oreste Berta en el Torino 380W del empresario Ricardo Zeziola, Italia, 2018. *Gentileza Autoblog*

Oreste Berta girando en Nürburgring en el Torino de Zeziola, 2018. *Gentileza Autoblog*

Juan Manuel Fangio (1911-1995). *Gentileza de Kimball McCloud*

Miembro del directorio no ejecutivo de IKA, JUAN MANUEL FANGIO era amigo de James McCloud y allá estaba, siempre entre "fierros". Por su amistad con Pininfarina, consiguió que el famoso diseñador italiano aceptara trabajar en el Torino.

Se dedicó a la mecánica automovilística desde muy joven. En 1938 debutó en Turismo de Carretera, compitiendo a bordo de un Ford V8. Ganó el Gran Premio Internacional del Norte en 1940, conduciendo un Chevrolet. Ese mismo año se consagró por primera vez Campeón Argentino de Turismo de Carretera.

Desde 1947 hasta 1958 compitió en Grandes Premios del continente europeo de manera oficial para las marcas Mercedes-Benz, Maserati, Alfa Romeo y Ferrari. Obtuvo cinco títulos mundiales de Fórmula 1 durante las temporadas de 1951, 1954, 1955, 1956 y 1957, y resultó subcampeón en 1950 y 1953. Se retiró en 1958.

Nació en la localidad de Balcarce, provincia de Buenos Aires, Argentina, el 24 de junio de 1911, y murió en Buenos Aires el 17 de julio de 1995.

10 | El adiós a IKA

En 1966, Kaiser Industries Corporation decidió retirarse definitivamente del negocio automotor. Quedaban, además de la empresa Kaiser-Jeep, en Toledo, Ohio, las filiales en Argentina y Brasil: IKA y WOB, respectivamente. Edgar Kaiser le comunicó a McCloud la decisión de vender primero las acciones argentinas y brasileñas, tarea que se le asignó a Steve Girard, por entonces presidente de Kaiser-Jeep. La decisión, se decía, no tenía nada que ver con la carga asumida al adquirir SIAM Di Tella Automotores. IKA era sólo un elemento del esquema total del retiro del mercado automotor.

Kaiser Industries vendió sus acciones de IKA a Renault y las de Willys do Brasil a Ford. Finalmente, Kaiser-Jeep fue vendida a AMC dos años después. La razón principal para dar este paso cuidadosamente organizado era simplemente que los negocios distantes de Kaiser para automóviles estaban orientados a la venta por menor y al consumidor, mientras las otras partes de Kaiser Industries, tales como aluminio, arena y grava, cemento, acero, aeronaves y aeroespacial estaban orientadas hacia la industria.

La diferencia fundamental en la actitud de Kaiser-Jeep Corp. o de AMC y de las *"Big Three"* –GMC, Ford Motor y Chrysler– en la producción de vehículos en los países en vías de desarrollo o plenamente desarrollados era que mientras las primeras empresas se asociaban con intereses locales, aportando capitales que les permitían controlar las actividades industriales y comerciales, u otorgaban solamente licencias de producción, las últimas venían con la totalidad de los capitales o trataban de absorber compañías existentes allí donde la legislación local en vigencia lo permitía. En el caso de no poder tener la totalidad del capital, las "Grandes" trataban de obtener la mayoría absoluta, sin conformarse con la mayoría relativa.

Las tratativas del traspaso del paquete mayoritario de acciones en WOB interesaron no sólo a Ford, Kaiser y Renault, sino también a esferas oficiales de los países involucrados, aunque oficiosamente. Las cosas se complicaron cuando Ford no obtuvo permiso de invertir capitales para una nueva fundición, ni para otras empresas en Argentina. Simultáneamente se trataron la adquisición de Acinfer, cuyo paquete mayoritario estaba en manos de Acindar, y la de Transax, subsidiaria de IKA.

La decisión de la venta surgió de un acuerdo entre varias empresas vinculadas de algún modo: Kaiser, Renault, AMC y Ford. La Kaiser Industries, al igual que en 1954 en Estados Unidos, esta vez en la Argentina "quería salir del negocio automotor lo menos maltrecha posible". Régie Renault, quien tenía influencia en IKA desde 1959 por convenios de licencia y asistencia técnica, se interesó mucho en la empresa y adquirió las acciones para invertir en la compañía: pronto la planta recibiría mejoras para optimizar la producción. AMC tenía participación accionaria en IKA desde la firma del acuerdo de 1961 para producir el Rambler. Ford Motor Company negoció con Kaiser la adquisición de WOB y Transax de IKA.

George Woods, asesor financiero de larga data de Henry J. Kaiser y miembro de la Junta Directiva –ex presidente del Banco Mundial, ex presidente de la Primera Corporación de Boston–, había instado durante largo tiempo para dar este paso:

> Nosotros teníamos una parte muy pequeña del total de la producción mundial de autos y nos estábamos enfrentando a una intensa competencia de crecimiento. Sentimos que con un solo mal año, la Kaiser-Jeep podría absorber mucho dinero, y sabíamos cuánto capital teníamos enfrente.[1]

Es verdad que IKA estaba atravesando un duro período financiero vinculado a las pérdidas de SIAM Automotores y a un decaimiento del mercado automotor debido a las condiciones económicas que golpearon a la industria en la segunda mitad de 1966 y continuaron durante la mayor parte de 1967. Al mismo tiempo estaba tratando de digerir un programa de expansión de planta que

---

[1] McCloud, ob. cit.

incluía inversiones en los edificios de la nueva transmisión ZF, el equipamiento del Torino y la acumulación de créditos y existencias que se requerirían para soportar un esquema de cuatro mil vehículos por mes que se habían pronosticado al momento en que se alcanzara de lleno la producción del Torino.

Con anterioridad a las decisiones y negociaciones finales, la primera expresión de interés fue dada por Ford Motor Co. Ésta era la candidata más probable a adquirir las acciones de WOB; necesitaba nuevos edificios y, eliminando a su principal competidor, incrementaría grandemente el mercado de sus propios productos. No obstante, era difícil de entender el interés de Ford en IKA –relata McCloud ([1995] 2015)–, ya que ésta se había instalado bajo el régimen de Frondizi y había construido edificios en los suburbios de Buenos Aires hasta alcanzar toda la capacidad para un futuro previsible. Pero la Régie Renault entró en estos acuerdos y se concentró en uno tripartito que consideraba a Ford en las acciones de la filial brasileña y a Renault en IKA. No obstante, hubo una importante estipulación por parte de Ford Motor que se centraba en que IKA debía venderle Transax por un precio que rondaría los diez millones de dólares, un monto realmente escaso, ya que Transax tenía un potencial de ganancias de tres millones de dólares anuales, lo que le daría a Ford un período de repago de menos de cuatro años.

Así como era difícil entender el interés de Ford, era complicado interpretar por qué Renault no se interesó en las acciones de WOB. Ciertamente poseía los recursos financieros para manejar ambas adquisiciones. Asimismo, este "desinterés" sellaba el fin de Renault en Brasil, donde tenía un potencial mercado más provechoso que en Argentina. A su vez significaba que Renault no tendría posibilidad de participar en el tratado bilateral que estaba siendo discutido por los dos países y, de ser aprobado, permitiría el libre mercado de componentes automotores. Al tener una planta en cada país y con el tratado en vigencia, el costo de equipamiento para nuevos modelos sería de hecho reducido a la mitad, el volumen de producción de una parte dada al menos se doblaría y los únicos edificios que deberían duplicarse en cada país serían aquellos destinados al ensamblaje de los vehículos. La otra parte del trato imposible de entender fue el consentimiento de Renault para la venta de Transax. Aunque es cierto que la empresa de las "transmisiones y ejes" estaba endeudada, e IKA atravesaba un duro período financiero. Estas cuestiones dejaban en evidencia que este acuerdo pautaba aspectos que IKA desconocía.

La plaza de Buenos Aires, especialmente el Mercado de Valores, se llenó de rumores contradictorios y no siempre desinteresados, de los que se hizo eco la prensa. Se afirmó, por ejemplo, que se dejarían de fabricar el Jeep y el Rambler para pasar a producirlos en Brasil, o que Renault obtendría de Ford un 25 por ciento del capital accionario en IKA, además del 12 por ciento que supuestamente ya poseía. Por otra parte, se dijo que Renault deseaba liquidar su contrato con IKA y dedicarse a producir por su cuenta su línea de vehículos. Las acciones de IKA pasaron de 780 a 850 pesos en un solo día.

En los primeros días de julio de 1967 se emitieron comunicados, tanto en el extranjero como en el país. El presidente McCloud enfrentó la ola de rumores orquestados informando que la Régie Nationale des Usines Renault (RNUR) había manifestado a Kaiser-Jeep que deseaba adquirir una parte sustancial de su tenencia de acciones en IKA, que tanto Kaiser como AMC continuarían como licenciantes de sus automotores y como accionistas. Había añadido que el interés demostrado por Renault en ampliar su posición de accionista en IKA fortalecería aún más la posición que la empresa tenía en la industria y el mercado automotor argentinos y no haría sino acrecentar la gama de productos de IKA, tanto en cantidad como en calidad.

Camille F. Gruau, miembro del Directorio de IKA en representación de la Régie, había subrayado dos puntos. Primero, que las conversaciones entre Kaiser y la RNUR debían considerarse como una simple transferencia de participación de accionistas que quedaban en la sociedad, lo que no debería traer cambios sustanciales en la estructura interna de IKA ni en su red de distribución. En segundo término, esas conversaciones, deberían tener por consecuencia reforzar en el mercado argentino y en la Asociación Latinoamericana de Libre Comercio (ALALC) la posición de IKA, que no solamente seguiría fabricando los vehículos de las marcas

Jeep, Rambler, Torino y Renault, sino que probablemente ampliaría su gama de productos, gracias a los respaldos de toda índole que continuarían aportándole sus licenciantes y en primer lugar la Régie.

El 27 de julio se había enviado a los diarios y agencias noticiosas informaciones de prensa, en Buenos Aires, San Pablo, Oakland, Dearborn y París, con el pedido de no publicar ni difundir antes del viernes 28. Las informaciones debían emitirse simultáneamente.

Edgar F. Kaiser explicó la decisión de su compañía de la siguiente manera:

> Kaiser-Jeep continuará dedicada específicamente a la producción de vehículos utilitarios en Estados Unidos, por lo que no se hallaría en condiciones de proveer a IKA de nuevos modelos de vehículos de pasajeros requeridos por su mercado. Por el contrario, Renault podrá suministrar los nuevos modelos necesarios para mejorar la posición competitiva de IKA en el área de los vehículos de pasajeros.[2]

En París, Renault confirmó la venta de sus acciones en WOB y la compra de la mayor parte de las acciones de Kaiser en IKA:

> Concentrando sus recursos en Argentina, Renault ha confirmado su determinación de continuar y expandir la producción de vehículos fabricados actualmente por IKA: Jeep y utilitarios livianos de la línea Kaiser, vehículos de pasajeros de la línea Rambler y el modelo Torino, vehículos de pasajeros y comerciales livianos Renault. Además, salvaguardando sus intereses en el mercado brasileño mediante acuerdos con WOB y contando con fábricas en Costa Rica, Chile, México, Perú, Uruguay y Venezuela, Renault se dedica a reforzar su posición en América Latina, teniendo presentes las perspectivas de desarrollo ofrecidas por ALALC.

[2] Revista *Parabrisas*.

Por su parte, Henry Ford II, presidente del Directorio de Ford Motor Co., anunció la compra del paquete accionario de Transax S. A., cuyo valor total resultó en diez millones de dólares. Simultáneamente debió anunciarse el traspaso de las acciones de Kaiser y Renault en WOB a manos de Ford.

En nuestro país, Renault adquirió de Kaiser-Jeep el 26 por ciento de acciones de IKA, lo que, sumado al nueve por ciento que poseía anteriormente, le dio una participación del 35 por ciento, convirtiéndola en el accionista principal. Kaiser-Jeep retuvo un cuatro por ciento de acciones. En consecuencia, cada una de las compañías, Renault y Kaiser, conservó un 39 por ciento. El nuevo director general de IKA, Yvon Lavaud, al anunciar que Renault tomaba la responsabilidad de la dirección de IKA, dijo: "El constructor francés demuestra confianza en el futuro de la República Argentina".

"Torino número 2, con Gradassi al volante, gana el TC en San Pedro, febrero de 1967, la primera carrera en la que participó un Torino", de puño y letra de James F. McCloud.

Oreste Berta (1938), *El Gráfico*

Oreste Berta nació el 29 de septiembre de 1938. Era hijo de un concesionario IKA de Rafaela, Santa Fe. Su avidez por desarmar, armar, reinventar, probar, etcétera cualquier tipo de máquina o maquinaria hizo que su padre hiciera "lobby" a favor del joven Oreste y pronto se halló trabajando en Santa Isabel. Al principio sin un cargo específico sino haciendo tareas en bancos dinamométricos, pronto se ganó su lugar en la empresa gracias a su increíble destreza. Sus primeros conocimientos los adquirió solo, ya que "estudiando por mis propios medios aprendía más que siguiendo el programa de los profesores", diría. Luego obtuvo una beca para viajar a Estados Unidos, donde realizó sus primeras armas en el mundo motor, preparando motores de motos, entre las que se encontraban las Ducati y Cucciolo.

En 1966, IKA lo designó director del equipo oficial para poner a correr los flamantes Torino. Berta llevó a IKA a alzarse con los campeonatos de 1967, 1969, 1970 y 1971, y con el subcampeonato de 1968.

Hoy en día, Oreste Berta vive en la localidad cordobesa de Alta Gracia, está casado y tiene tres hijos. Es presidente de su propia empresa constructora de motores.

11 | La competencia alerta

Para 1970, tal era el *boom* del Torino en el mercado y en las competencias nacionales e internacionales que se había entrado ya en una suerte de carrera por la potencia con IKA, y el lanzamiento de los cupés Dodge GTX (V-8) y RT (6L) impusieron nuevos rivales.

Chrysler no fue la única. Se introdujeron modelos y algunos cambios técnicos en marcas como Ford (Fairlane 1969), General Motors (Chevy 1969) y Peugeot (504 1969). También Fiat, con nuevos modelos y motores más poderosos. La incorporación de estos autos fue una respuesta a la llegada del Torino al mercado. Evidentemente, la irrupción del producto de Santa Isabel obligó a que las demás terminales se "pusieran al día". GMA lanzó, a las apuradas, un SS de la serie 400 en 1966 que iría a mejorarse en su estilo para 1968, y finalmente, el Chevy de 1969, que incorporó la versión cupé en 1970. Con el Fairlane, Ford pretendía llegar a reemplazar el Falcon –algo que no pudo lograr– y competir en la alta gama nacional. Los autos más caros se disputaban entre el Fairlane LTD y los cupés Torino de tres carburadores.

Por el lado de las pistas, luego del debut del Torino, el diseñador Pedro Campo concibió un prototipo Ford a fin de dar batalla a la nueva tecnología presentada. Para que pudiera ser un vehículo homologado para TC debía contar con un chasis "de fábrica", por lo que se emplearon dos largueros de la marca del óvalo. El día de su debut en el Autódromo de Buenos Aires, el auto se vio envuelto en un ilógico accidente múltiple: al cumplirse la primera vuelta de una serie, el coche de Julio Devoto, "Ampacama", quedó bloqueado sin poder largar en la recta de boxes; cuando llegaron los coches cumpliendo el primer giro, se encontraron con la "cupecita" detenida y varios voluntarios empujándola. No hubo ningún accidente personal serio, pero muchos autos quedaron destruidos. La siguiente prueba la disputó el gran volante Atilio Viale del Carril. En un momento dado se va de pista y se incendia a causa del derrame de combustible sobre el motor. Muere su acompañante "Pepito" Jiménez. Pocos días después moría, en San Nicolás, otro grande, el inolvidable Oscar Cabalén probando otro prototipo Ford, en un choque inexplicable para tamaño piloto. Se cancela el contrato con Ford. El proyecto es abortado.[1] Prácticamente del Ford de serie sólo tenía el motor y algunos elementos de suspensión; el resto se construyó exclusivamente para el auto partiendo de la base reglamentaria de un chasis de Ford T.

El Torino seguía ganando competencias y era imperioso para los demás equipos renovarse. Tiempo después, GMA decidió revivir la iniciativa de aquellos tristemente célebres Ford, por lo que necesitaba cambiar la imagen del vehículo-prototipo; lo pintaron de color naranja y se lo conoció como "Trueno Naranja". Los problemas de derrame de combustible se habían resuelto.

Desde 1970, el Departamento de Estilo de GMA tenía la idea de crear un modelo deportivo para poder hacer frente a la competencia en el ámbito comercial. Demostrando su poca preocupación por innovar, la Dirección de la compañía dio el visto bueno, pero siempre y cuando el costo de la elaboración de ese nuevo modelo deportivo fuera cero. De entrada, esto parecía imposible, pero el área de *Styling* de GMA se encargó de hacerlo factible. En ese momento, el Chevy Coupé se producía en Estados Unidos con la misma estética exterior. Bajo los estándares norteamericanos, resultaba que la decoración de la carrocería era barroca, recargada de elementos superfluos que daban elegancia a un modelo de imagen señorial pero no deportivo. *Styling* retiró un modelo de la línea, le quitó la cubierta vinílica del techo, las tazas que ornamentaban las llantas, los cromados, etcétera, liberándolo de aditamentos. Le pintaron dos franjas anchas longitudinales en el capó y en la tapa del baúl, que inclusive avanzaban por el techo, le incorporaron llantas anchas, escape deportivo, un tapizado distinto… Pedro García, diseñador de *Styling,* firmó aquel boceto del Cimarrón en 1970 como "Proyecto 1972", que finalmente no se aprobó. Muerto aquel boceto de 1970 de lo que sería el "Chevy Cimarrón 1972", se pintó una franja que bajaba del cuarto trasero hasta la mitad de la línea de puerta delantera. A este nuevo boceto,

---

[1] De lectura obligada: *Oscar Cabalén. El ídolo,* de Eduardo Gesumaría ("Sprinter").

que tuvo leves diferencias hasta el diseño definitivo, se lo denominó "Segunda Serie" y lo fechó Pedro García el 20 de junio de 1972.

Al igual que con el Cimarrón, a la Serie 2 se le eliminaron las molduras, el vinilo del techo, tazas, cromados y demás. Asimismo, se reemplazó el uso de pinturas metalizadas por otras de colores pasteles, más estridentes. Se eligieron el rojo, el amarillo de los taxis de la ciudad de Buenos Aires ("Amarillo Daytona"), el naranja de las camionetas de SEGBA[2] ("Rojo Mandarín"), el blanco y un tono de verde ("Verde Tempestad") recientemente importado de Norteamérica. Con el tiempo, estos colores se pusieron de moda y empezaron a utilizarse en otras marcas de automóviles.

Las franjas deportivas que se pensaron para la Serie 2 poca diferencia tenían con las de la "Segunda Serie" que nunca vio la luz. A Pedro García se le ocurrió que se podría dar la sensación de agrandar la zona vidriada del auto, prolongando visualmente la ventanilla trasera con un tono oscuro de pintura, negro para el caso. La idea original era que todo el marco de la ventanilla fuera negro, pero no llegó a concretarse porque tenía molduras cromadas. Se hizo que la franja avanzara por el guardabarros trasero como para agrandarlo más y se la extendió hasta el guardabarros delantero.

Puede verse cómo una empresa de automóviles vende un cupé con motor de camioneta, devenido en deportivo con una simple decoración. Sería como vender gato por liebre, ¿no?

La gran batalla parecía que la daba Chrysler con su GTX, al que publicitaba como "de 230 HP, el auto más potente del país". Los modelo 72/73 empiezan a incorporar el motor de 318 pulgadas cúbicas canadiense en lugar del mexicano, que era de 212 HP –con lo que aumentan supuestamente la potencia, algo jamás comprobado–, y un Holley 40/40 con difusores de 32 milímetros en lugar de unos Carter 36/36.

En un documento confidencial de IKA-Renault de abril de 1972 se mostraba una publicidad gráfica de la GTX: "212 HP. El V-8 más potente del país". Pero el Torino ya lo aventajaba en potencia en su

---

[2] Servicios Eléctricos del Gran Buenos Aires.

versión GS de 215 HP (¿comprobados?), que sí superaba la barrera de los 200 kilómetros por hora (km/h). El documento en cuestión terminaba diciendo: "El máximo poderío, entonces, ya no sirve como argumento de venta para otros autos. Tienen que cambiarlo o agregar 4 HP más".

Lo cierto es que muchas décadas después, enterados por antiguos técnicos de Chrysler Fèvre Argentina, se supo que las cifras de potencia de los motores de Chrysler eran falseadas. Por ejemplo, los RT, que según los manuales estaban en alrededor de los 180 HP, en realidad eran aproximadamente 155. Con los V-8 ocurrió igual. Los caballos reales estarían alrededor de los 180 de potencia. No parece casualidad que Chrysler jamás explotara comercialmente que su auto podía llegar a los 200 km/h. De hecho, la unidad testeada por la revista *Corsa* dio un promedio de 188,9 km/h con 5.210 centímetros cúbicos (cc) de cilindrada. La RT de seis cilindros en línea y 3.668 cc llegó a 180,9 km/h.

Mérito para el Falcon Futura SP, que era el más rápido en alcanzar los primeros 100 km/h.

Chrysler con su GTX estableció una competencia por la potencia falseando cifras. *Parabrisas-Corsa*

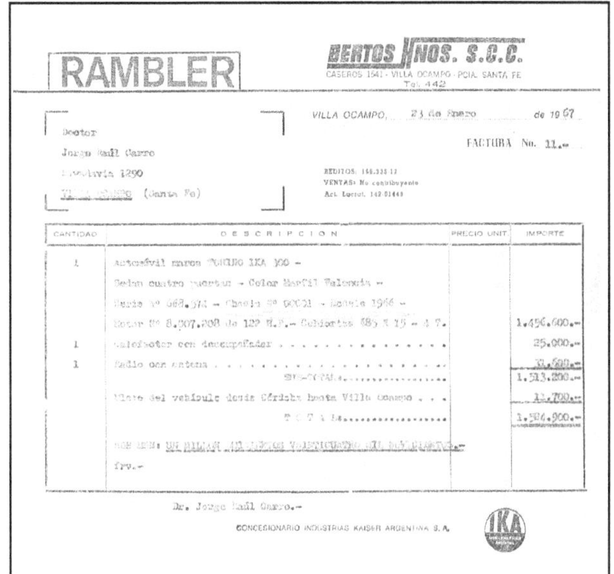

Factura de venta del primer Torino fabricado, adquirido por el ingeniero Julio Alejandro Carauni

Línea de montaje final. *Servicio Fotográfico IKA-Renault*

Sello postal de años recientes. *Correo Argentino*

12 | A tono con los tiempos

Primer *restyling*: Torino 70

Con el tiempo se fueron introduciendo modificaciones de estilo en el Torino para actualizar el producto en su aspecto exterior e interior. Estos cambios pudieron realizarse localmente por el desarrollo del área de matricería de IKA-Renault y la posterior ampliación de la planta de Matrices en el camino al aeropuerto de Pajas Blancas. Así se hicieron las matrices de los grandes paneles de piel, con el fin de mejorar la economía del desarrollo de la producción y también para ajustarse a la ley automotriz, que año tras año aumentaba los porcentajes exigidos de integración local.

En 1970, los Torino tuvieron su primer *restyling*, de la mano de IKA-Renault. Al momento de la presentación al periodismo del "Torino 70", Yvon Lavaud, presidente del directorio, exaltó el alto nivel de prestigio internacional alcanzado por la máquina y el esfuerzo de la empresa por "garantizar la calidad de las unidades e introducirles las mejoras que aconseje la evolución técnica sin recargar exageradamente los costos". El acto se efectuó en las instalaciones centrales del Autódromo Municipal de Buenos Aires, ante la presencia de periodistas, destacados competidores y de

Final de línea según primer *restyling* argentino. *Servicio Fotográfico IKA-Renault*

Juan Manuel Fangio. Al culminar el almuerzo, Tibor von Teleki, gerente de Relaciones Públicas, se refirió a las distintas propiedades del Torino, "surgido de la División de Ingeniería de Producto más completa y avanzada de Argentina y de toda Latinoamérica".

Las modificaciones se vieron tanto interior como exteriormente. A saber:

* nueva grilla frontal envolviendo los faros principales con los auxiliares al mejor estilo Alfa Romeo;
* nuevo capó plano;[1]
* paragolpes de nuevo diseño con depresiones para los faros de posición, con banda de goma en toda su extensión y uñas de nuevo estilo;
* nuevo panel de cola;
* nuevas llantas;
* tazas de nuevo diseño;
* nuevos colores de pinturas;
* nueva identificación;
* nuevo y exclusivo tablero de instrumentos (tipo "aeronave");
* aire acondicionado (opcional);
* vidrios tornasolados (opcional);
* dirección servoasistida (opcional);
* apoyabrazos rediseñados;
* nuevos paneles tapizados de puertas;
* nuevas gavetas de puertas;
* nuevas combinaciones de tapizados;
* nueva consola central;
* nueva distribución de calefacción con toberas orientables en el tablero;
* nuevo diseño de controles;
* nuevos faros de posición delanteros;
* nuevo motor limpiaparabrisas con campos cerámicos de alto rendimiento y escobillas especiales para altas velocidades;

---

[1] Las últimas series de la línea 380 ya incorporaban este capó.

- nuevo regulador de carga;
- incorporación de voltímetro en el panel de instrumentos;
- nuevo interruptor de ignición con traba de dirección e interclavador, que impide el accionamiento del arranque con el motor en marcha;
- nuevo interruptor de luz de viraje con guiñada de luces incorporadas;
- nuevos interruptores tipo basculantes;
- nueva manecilla del reóstato para la luz de tablero;
- luces de seguridad de puertas reubicadas y rediseñadas;
- nuevos faros traseros redondos (cuatro), iguales a los de la Fiat Dino 2400 Spider.

Puede verse que, aunque los cambios se hacen aquí, se siguen los lineamientos de las novedades de los deportivos italianos.

La unidad motopropulsora era el ya clásico Tornado-Interceptor OHC-230; cigüeñal con tratamiento termoquímico en los muñones; cojinetes de biela y bancada para servicio pesado; bielas forjadas de perfil doble T; bloque (*block*) y tapa de cilindros en fundición integral, con refuerzos en los lugares más solicitados; sistema de lubricación a presión con filtro combinado. En las versiones Torino L y S fue incorporado el OHC-230 con carburador de simple boca, obteniendo 18 HP más. Un poco más adelante cambiaron la tapa de distribución y elementos de la misma por los de su futuro reemplazante, el motor de siete bancadas.

Los frenos delanteros eran a disco; los traseros, a tambor con válvula antibloqueo, asistidos por servo tipo tándem con bomba incorporada, excepto en el Torino L. En éste, los frenos eran a tambor en las cuatro ruedas, con sistema doble cilindro en las delanteras.

La versión de carburador simple comenzó a ser denominada TS.[2] La 380W pasó a ser GS, aunque hubo un paso intermedio poco conocido. En 1972, se la empezó a llamar "GS 200", aunque

---

[2] El Coupé TS alcanzaba una velocidad de 179,1 km/h con una aceleración de 0-100 km/h de 10,6 segundos, según *test* de la revista *Parabrisas-Corsa*.

Torino TS 1970-73. Fue el primer *restyling* sin participación de Pininfarina. *Ruedas Clásicas*

oficialmente la denominación siempre fue GS.[3] Cambió el motor, por ejemplo, la relación de compresión, que de 7,5:1, pasó a 8:1. Ahí ganó caballaje y, con una variante en el reglaje del árbol de levas, pasó de 176 HP a 4.500 rpm a 215 HP SAE a 4.700 rpm. El Tornado híbrido empezó a equipar la línea en 1972, con la relación de compresión de 8:1. El frente de distribución será el que luego vendrá en los Torino de siete bancadas, así como las bombas de agua y aceite.

Esta nueva versión ya contaba con el proceso de protección a que eran sometidas las carrocerías de los vehículos de la línea. Un sistema único en Sudamérica que incluía 56 pasos, entre los que se destacaba un baño de inmersión en pintura epoxi que protegía definitivamente la carrocería contra la corrosión.

A inicios de los años setenta se hicieron patrulleros especiales para la Policía Federal en unidades L que tenían el techo corredizo (similar al del Peugeot 404) sólo en la parte trasera. El

---

[3] Según *test* de *Parabrisas-Corsa*, la versión GS 200 de 1972 –es decir, con motor de cuatro bancadas híbrido– alcanzó 203,39 km/h con una aceleración de 0-100 km/h de 10,5 segundos.

objetivo era que el ametralladorista estuviera en posición de tiro con prontitud.[4]

Modificación de matricería

Como detalle de los cambios en orden más o menos cronológico, se puede citar la realización de la familia de matrices de los cuartos traseros de ambos modelos, siendo aproximadamente treinta matrices de gran porte. Con esto se mejoró el beneficio económico, pues ya no se utilizaban paneles importados de AMC, que debían ser retrabajados para producir uniones con la extensión trasera inferior definida por Pininfarina.

Se evitó la necesidad del trabajo de emprolijar con estaño/plomo en el cuarto trasero y la inclusión de elementos y procesos que afectaban la calidad y confiabilidad total aplicados contra el proceso de oxidación y chorros de óxido en las zonas visibles.

Además, se encara la construcción de la familia de matrices del techo del modelo de cuatro puertas con sus respectivas extensiones y se marca por estilización una línea con perfiles más redondeados en un todo de acuerdo con el estilo dado por Pininfarina en el modelo de dos puertas, lo que lleva a modificar también el perfil de la luneta trasera.

El modelo SE modificó sus parantes traseros, techo y luneta.

Siete bancadas

En 1973, se produjo un cambio sustancial en el Torino, cuando el motor Tornado pasó de tener un cigüeñal de cuatro puntos de apoyo a uno de siete, una tapa de cilindros mejorada con un

---

[4] Todos los móviles policiales (incluidos los Ford) estaban equipados con equipos de comunicación Motorola BGH, o con DIGICOM, ya desaparecido. Éste traía una suerte de computadora, con el teclado que venía delante, debajo del tablero. Fueron equipos adquiridos en 1970, y que hasta la época de Menem todavía se encontraban en algunos móviles de la Federal.

nuevo árbol de levas y una nueva disposición del carburador (en la versión de un solo carburador), que pasó a estar en posición transversal en vez de longitudinal con respecto al eje longitudinal del motor.

Después de 1.200.000 kilómetros de prueba, el 30 de noviembre de 1973 hizo su aparición el motor Tornado de siete bancadas.

En la parte inferior del motor había un nuevo cigüeñal, rediseño de bielas y cojinetes, y nuevos pistones, además del aumento en la rigidez del *block*. En la parte superior, además de la nueva tapa de cilindros[5] y el nuevo árbol de levas, había retenes de caucho sintético, botadores y balancines para el comando de válvulas, nueva tapa de balancines, nueva distribución. Se evitaron futuras pérdidas y consumo de aceite, humo, y se logró un árbol sin desgaste de levas. Para producir este motor debió construirse herramental adicional.

En las últimas series de producción del motor de cuatro bancadas se realizaron cambios que lo unificaron con el motor de siete. Estas modificaciones, que tenían como objeto agotar *stock* de partes del motor viejo, llevaron a denominar "Tornado híbrido" a esta fase intermedia entre el "Tornado" y el "Torino". Bajo la nueva apariencia y distribución, se conservaban el viejo *block* y cigüeñal del Tornado de cuatro bancadas.

A partir de la puesta en marcha de la nueva producción, el motor abandonó la denominación "Tornado Interceptor" para pasar a ser el motor "Torino OHC-233", de desarrollo íntegramente nacional. La potencia en la versión GS se mantuvo en 215 HP SAE a 4.700 rpm, y en la TS se pasó a 180 HP SAE a 4.700 rpm.[6]

El rediseño intensivo del *block*, que incorporó siete cojinetes principales y otras características fortificantes sin cambiar el espacio del diámetro interior, ya había comenzado cuando todavía la Dirección de la empresa estaba bajo el control operacional de McCloud. El

---

[5] El motor japonés Nissan V-6, que entró en producción aproximadamente en el año 1984, tenía una tapa de cilindros similar a ésta.

[6] IKA-Renault declaraba más de doscientos km/h para la GS y más de 185 km/h para la TS, ambas con motor de siete bancadas.

motor OHC con siete cojinetes principales le dio al cigüeñal el apoyo necesario y le proporcionó un potencial de rpm más alto. Todo esto quiere decir que el famoso motor de siete bancadas que puso Renault en producción ya lo había desarrollado IKA.

El Proyecto R40

A comienzos de la década de 1970, los directivos de IKA-Renault pensaron que en algún momento había que cambiar el modelo, y paulatinamente comenzar a "exterminar" al mítico Torino-IKA, para lo cual instruyeron a los equipos técnicos de la fábrica para diseñar un nuevo proyecto que fue denominado "R40".

A diferencia de las modificaciones hechas en el Rambler American para lograr el Torino, esta vez se trataba de un cambio radical a cargo de la Régie Renault. La carrocería estuvo bajo la responsabilidad de Ricardo Teodosio, del Departamento Estilo de IKA-Renault, junto al ingeniero Eugenio Belecz y otros técnicos. Tuvieron que trabajar mucho para ubicar el motor Tornado bajando el capó y elaborando los cambios del vehículo. El prototipo R40 fue intensamente probado durante dos años. Primero, fue alojado el Tornado de siete bancadas equipado éste con carburadores. Pero también estaba en proyecto instalar un motor a inyección, para lo cual un equipo dirigido por el ingeniero Eduardo Genari fue a Francia a estudiar el sistema, ya que por entonces Renault había producido el R17 de cuatro cilindros a inyección Bosch como una respuesta antipolución.

Una vez realizados los trabajos de adaptación, se ubicó el sistema de inyección en un Torino Coupé modelo 73 para efectuar las pruebas, que se realizaron con éxito en distintas rutas y en una estancia de San Luis.[7] Cuando el proyecto del motor Tornado a inyección era llevado a Francia por Yvon Lavaud para

---

[7] Incluso se trabajó intensamente sobre el sistema del BMW, pero el cambio nunca se concretó.

Interior del primer *restyling* con tablero tipo aeronave. *Ruedas Clásicas*

su definición, el accidente aéreo que le costó la vida retrasó los planes.[8]

Lo cierto es que a los ingenieros no les terminaba de convencer el R40. Era otro diseño, tenía aspecto de auto norteamericano y francés (Renault) a la vez, pero con las cualidades del Torino (dato curioso: el parabrisas de este prototipo ¡era la luneta del R12!); además, había que construir nuevas matrices y herramental, y no se sabía si el auto iba a funcionar en el mercado. La unidad moto-propulsora sería la misma y las piezas en común que tendría el R40 con respecto al Torino incluían el interior con el respectivo panel de instrumentos, por lo menos hasta la realización del prototipo.

---

[8] En el avión de Varig que se incendió llegando a París y cayó en las proximidades de Orly viajaban Yvon Lavaud, presidente de IKA-Renault, y el señor de la Preugne, otro francés afincado en Argentina, empleado del área de Ingeniería, muy contento porque volvía a su patria después de mucho tiempo. El accidente fatal fue el 11 de julio de 1973. En la Memoria y Balance de la empresa correspondiente al período 1972-1973 se hablaba así de Lavaud: "Su fe en nuestro país, su capacidad de conducción y su dedicación constante por el engrandecimiento de nuestra empresa lo muestran en toda su dimensión como empresario y como ser humano de excepción, haciendo más profunda su irreparable pérdida". En la reunión del Directorio del 1° de agosto de 1973 se eligió como presidente al ingeniero Eduardo M. Huergo.

El modelo definitivo posiblemente hubiese tenido muchas piezas plásticas, aunque en el prototipo en su mayoría eran de chapa. Para elaborar el parabrisas hubo que sacar una copia en resina epoxi, de allí una contracopia con una base de aluminio fundido para mantener la estabilidad de la copia.

El fenómeno del nuevo modelo era que Renault, lógicamente, intentaría "sacarle el jugo" al éxito del Torino y, al mismo tiempo, eliminar el auto otrora creado por IKA. En Córdoba participaba el mismo equipo técnico que trabajó para el Torino, pero la empresa Pininfarina no tuvo ninguna participación. Respecto del "cambio de estilo" fue consultado el jefe de Estilización del Centro Técnico Renault en Francia, Gastón Juchet. Él tenía sus propias ideas, que consistían en una reestilización casi total.

Sin embargo, en el mundo se vivía una revolución técnica e industrial que afectaba la realización de matricería, el montaje, los dispositivos para la línea móvil de producción y demás. Todo esto requería una modificación total del rumbo de las inversiones que RASA (Renault Argentina S. A.) no pudo y no quiso enfrentar. Además, el futuro de la industria automotriz no indicaba buenos augurios para los autos de grandes cilindradas debido a la crisis petrolera que cambió la economía del mundo. Por todas estas causas, al cierre de una cumbre comercial y directiva que tomó una semana de evaluaciones y discusiones, se resolvió abortar el proyecto. Se podría decir que el supuesto heredero del Torino, el denominado Proyecto R40, "murió al amanecer".

El 11 de julio de 1973, el vuelo 820 de Varig, un Boeing 707 proveniente de Río de Janeiro con destino en París, se incendió en las proximidades de Orly. Entre los 123 fallecidos se encontraba Yvon Lavaud, presidente de IKA-Renault.

Proyecto para la modificación de styling del modelo Torino (abortado)

Este estudio presenta el monto de inversión necesaria para realizar el *face lifting* de los modelos Torino actuales (dos y cuatro puertas).

En líneas generales, la reestilización consistiría en modificar los siguientes puntos básicos:

* Guardabarros delanteros
* Grilla y puente
* Faros y panel portafaros
* Capó interior y exterior
* Guardabarros traseros con postizo de cola
* Tapa baúl panel interior y exterior
* Paneles interiores de puerta, por cambios en los levantavidrios
* Panel inferior de luneta con rejilla para salida de aire
* Tablero de instrumentos
* Curvatura del parabrisas
* Ventiletes (serán de posición fija)
* Paragolpes
* Tapizado
* Molduras
* Burletes
* Ruedas

Inversión necesaria:

Área de inversión	Monto (pesos ley 18.188)
Métodos de mecanizado	—
Métodos de control	2.700.468
Métodos de estampado	19.550.545
Métodos de ensamblaje	1.820.546
Métodos de corte y costura, tapizado, chasis y final	541.290
Métodos de pintura	—
Planificación de fabricación y manejo de materiales	540.975
Ingeniería de planta	—
Herramental piezas NF	7.919.000
Herramental piezas de forja y fundición	371.923
Desarrollo de ingeniería de productos	(5.775.000)
Total	33.444.755

JUNIO DE 1973

Cupé Torino TSX. *Parabrisas-Corsa*

Uno de los prototipos (maqueta) del R40 que reemplazaría al Torino. Proyecto abortado. *RNUR*

13 | *Fuoriserie*

El Torino es un coche que nace ganando carreras, por lo que nunca hubo que demostrar que se trataba de un modelo *sport* pues lo era *per se*. Empero, la moda que comenzaba a fines de los años sesenta y tomaría énfasis durante los setenta era decorar los autos, sobre todo los cupés, con franjas coloridas y pinturas estridentes.

Juan Carlos Lutteral, concesionario de la Avenida del Libertador al 1500 en la Capital Federal, debe haber sido pionero en ofrecer al público un modelo distinto para un auto de serie. Lo imitarían, de alguna manera, otros distribuidores de la competencia, de la propia IKA-Renault, y hasta terminales.

Lutteral, audaz apasionado del automovilismo, buscó mayor potencia y diferentes versiones de carrocería haciendo adaptaciones sobre las originales construidas en planta. Desde fines de la década de 1960, creó varios modelos; en principio, un cupé de tres volúmenes en el que la trompa, la cola y el interior fueron modificados con una línea *fast back,* conocido como "Comahue", y una rural denominada "Safari".

En el equipo Lutteral había lugar para "locuras", y a Juan Carlos no se le ocurrió nada mejor para venderles autos a los taxistas que hacer correr un Rambler Classic con reloj y pintado de negro y amarillo en una carrera en el Autódromo Municipal en julio de 1967. Aquel Rambler "taxi" se clasificó segundo conducido por un tal "Jesús Rodríguez", falso nombre detrás del cual vivía la verídica identidad de Eduardo Rodríguez Canedo. En TC, en cambio, "Larry" corría con un curioso Torino: con aquel 380W con cola *fast back*, "Larry" ganó en el circuito de San Nicolás en septiembre de 1967 abriendo el camino a la saga de los Comahue.[1]

Se produjeron aproximadamente cien unidades, con una calidad de terminación excelente. En cuanto a motorizaciones, eran ofrecidos los conocidos modelos 380 y, especialmente, 380W, con

---

[1] Revista *Autos de Época,* n° 72, julio-agosto de 2010.

modificaciones en el árbol de levas, como para que el auto tuviera más respuesta ante las exigencias de los usuarios.

En materia de detalles, tenían tapizados de cuero, nuevo volante, asientos y tablero, y detalles en cuero y madera, además de la suspensión neumática especial, que daba mejor confort de marcha.

Los modelos fueron:

- el Comahue;
- el Comahue II, con trompa modificada completamente en plástico, faros de cupé Dodge con una nueva parrilla que daba un estilo agresivo propio del diseño que Peugeot imponía con el 504;
- la rural Safari, que utilizaba partes creadas por Lutteral S.A.;
- y la última versión del Comahue, que era trabajado sobre cascos pelados que entregaba IKA-Renault;[2] hubo versiones GT, TT, K, entre otras.

Básicamente, los modelos se preparaban luego de que el cliente elegía las características, que como catálogo opcional, el insigne concesionario ofrecía. Aunque con los opcionales que el cliente elegía, también podía proponer sus propias modificaciones (hubo con tapizado de cebra, pintura en degradé, una TT con trompa convencional de Torino, etcétera).

Desde 1968, en que aparecieron los primeros modelos (aún no con la trompa "380" original), se podía optar por:[3]

- cuatro diferentes potencias de motor;
- tres diferentes relaciones de caja;
- tres diferentes desmultiplicaciones del puente trasero;
- dos diferentes relaciones de dirección;
- neumáticos radiales de alta *performance;*
- radiador combinado de agua y aceite;
- tres tamaños de llantas;

---

[2] En los otros modelos, las modificaciones se realizaban sobre vehículos ya terminados y entregados al concesionario.
[3] *Parabrisas-Corsa,* n° 172, 5 al 11 de agosto de 1969.

El Comahue II, obra de Juan Carlos Lutteral. *Folleto de venta*

- cinturones de seguridad del tipo arnés;
- instrumental adicional (vacuómetro, temperatura de aceite, amperímetro);
- barra antivuelco;
- tapizado de cuero;
- alfombras de cuero vacuno;
- estera,
- y vidrios Solex.

Uno de los avances más importantes fue la suspensión Aerolastique que fue instalada en los modelos a partir de 1969 y que permitía regular el despeje del suelo desde el interior del habitáculo en función del peso que llevaba el auto o el camino en el que se debía circular.[4]

Algunos de los elementos fundamentales que conformaban el motor pasaban previamente por las manos de Pablo Macagno,

[4] *Autos de Época*, n° 72.

encargado de hacer los toques correspondientes para conseguir los caballos extra con que se entregaban los autos. El trabajo en cuestión se realizaba de acuerdo a la experiencia recogida por el equipo de competición. Básicamente consistía en el pulido de la tapa de cilindros y sus respectivos conductos; un árbol de levas con una diagramación tal que permitía el aumento de la velocidad final sin por eso perder torque en baja. Aunque también había un árbol exclusivamente rutero. Además, mediante distintos trabajos de preparación era posible adquirir cuatro motores con diferentes potencias.[5]

La serie SST fue la última de las cuatro variaciones que sufrió el Comahue: fue lanzada por Lutteral el 17 de mayo de 1977. Se diferenciaba de sus predecesoras por contar con notables avances tecnológicos y de confort, y por despegarse notablemente de la línea de serie. Debía competir contra los vehículos de importación. Entre los cambios más destacables se encuentra el frente con faros ocultos o "escamotables", con apertura eléctrica o neumática, sensor lumínico que encendía automáticamente las luces al oscurecer, paragolpes fabricados en resina y de color negro, bandas de goma laterales, gatos hidráulicos en cada rueda, nuevas llantas exclusivas, pasacasete con plano sonoro en el techo, apertura automática del baúl, butacas delanteras de nuevo diseño con apoyacabezas incorporado, nueva consola central, volante y torpedo, con la novedad de incluir un tablero de instrumentos completamente digital. La producción de este modelo (y del Safari) cesó el 30 de abril de 1979 cuando Evaristo García entregó la llave del taller de la calle Salta 2260 (barrio de Constitución) a la Síndico. El último fabricado, que fue un Comahue blanco versión GT, fue terminado de armar en el taller de uno de los encargados, "Pancho" Sanmarco.[6]

---

[5] *Parabrisas-Corsa*, n° 172.
[6] "Lutteral 1980", en http://www.tutorino.com.ar/foro/topic5488.html.

La versión de peor diseño fue la creada por la empresa Perello Hermanos, que desarrolló la versión Torello. Ésta incorporaba la luneta trasera del Dodge 1500, que no dotaba al vehículo de una gran personalidad, con una cola *fast back*. La trompa era de plástico y atrás poseía ocho faros (los redondos, del momento).

Otro concesionario de Renault, Helbio Winograd, construyó el modelo Tiwle 1, que no era otra cosa que un Torino descapotable, o cabriolé, con la trompa modificada en el primer modelo experimental para luego adoptar la clásica trompa del "Toro". Empleaba faros delanteros de Mercedes-Benz (del chasis 114/115 de la casa germana) y traseros de Opel Commodore. Este vehículo no llegó a ser más que un "desarrollo", ya que se preveía la producción de un auto mensual que nunca llegó a concretarse; ofició de *pace car* en una edición internacional de los "Mil kilómetros de Buenos Aires". La versión siguiente, ya superada la etapa de experimentación a nivel prototipo, introdujo algunos cambios significativos que, paradójicamente, se orientaban a mantener el auto dentro de su diseño, es decir, absolutamente original. Así, incorporó la capota convertible hidráulica, de accionamiento automático, y la subestructura necesaria para mantener la rigidez de todo el conjunto. Esta estructura triangulada, realizada en tubos de acero sin costura, recorría íntegramente los flancos del Tiwle, pasando por debajo del zócalo a la altura de las puertas de modo de no alterar para nada la comodidad de acceso al auto.

Se realizaron diferentes experiencias con los prototipos del Tiwle que permitieron comprobar excelentes condiciones de estanquidad bajo la lluvia. El propio Winograd declaró: "Pasé con el auto por un túnel de lavado con la capota cerrada y al salir no había una gota de agua adentro". En cuanto a las condiciones de rigidez estructural, permanecían inalteradas, según pudo apreciarse luego de un uso intensivo –doscientos mil kilómetros– recorridos por el primer prototipo.

La modificación se realizaba tanto sobre unidades cero kilómetro como sobre autos usados. En el aspecto mecánico, se conservaban todos los elementos originales.[7]

---

[7] *Parabrisas-Corsa,* n° 380, agosto de 1973.

Coupé Comahue II frente al concesionario Lutteral de Avenida del Libertador, Ciudad de Buenos Aires. *Archivo* Autos de Época

Por su parte, Heriberto Pronello lanzó en 1973 un cabriolé a partir de una idea surgida en 1967 cuando IKA había hecho un Torino convertible para largar la competencia de la ciudad santafesina de Rafaela. El "Torino Pronello" era exactamente igual a un Torino de serie, pero convertible. Los comentarios del público después de que el modelo fuera presentado en una exposición en Mar del Plata llevaron a que fuera sustancialmente reformado. En cuanto a motorización, había sido testeado durante 170 mil kilómetros con una unidad propulsora como las que usaban los Torino de TC, aunque para la comercialización contaba con el motor original con un múltiple Macagno y carburador Weber 45, con lo que lograba 180 HP.

A partir de un Torino golpeado de TC después de un accidente en el Autódromo Municipal en junio de 1967, Nasif Estéfano le encargó a Tulio Crespi adecuar el auto en función del reglamento vigente. La tarea consistió en reducir cuarenta centímetros el largo total del auto cortando la cola, achicar la altura con un despeje de doce centímetros y modificar la caída del techo, que continuó

Pace car sobre 380W descubierta para las 500 Millas de Rafaela de 1967. Posa el Ing. Durward Leeper.

hasta la cola incorporando una luneta original. Se configuró así un cupé tipo *fast back*. A este auto se lo denominó "Petiso". Su rápido éxito en carrera entusiasmó a Rodolfo de Álzaga Unzué y a Pablo Facchini, para quienes Crespi construyó otros dos autos similares.[8]

Por principios de 1969, Crespi, siempre dispuesto a encarar nuevos desafíos, a partir del "Petiso" avanzó con la idea de producir un verdadero GT en pequeña serie. Presentado en la Sociedad Rural de Palermo, el nuevo modelo tenía un solo vidrio lateral, y la carrocería, cuya trompa y capó fueron construidos en plástico reforzado con fibra de vidrio, "para que la reparación sea más económica y fundamentalmente más rápida", presentaba algunas

---

[8] Semperena, Hugo, en *Ruedas Clásicas*, n° 4, verano 2006-2007. Disponible en http://www.ruedasclasicas.com.ar/nro4/pdf/autosnacionales.pdf (fecha de consulta: 9 de marzo de 2014).

modificaciones mecánicas. La ubicación del motor, situada treinta centímetros más atrás que en un Torino normal, mejoraba la distribución de pesos. El nuevo modelo venía equipado con faros rebatibles accionados en forma eléctrica, lavaparabrisas eléctrico, antena eléctrica, equipo de audio provisto por Grabofon –que estaba entre lo más avanzado de esa época–, aire acondicionado, lavafaros, baliza automática, bar y hasta un teléfono. Los opcionales iban desde preparación Berta, palieres flotantes, variantes de caja y puente trasero (cuatro para cada uno de los dos sistemas), tres carburadores Weber o un Holley.[9]

Tulio Crespi también trabajó sobre chasis Renault, y así produjo los modelos "Tulia GT" y "Tulieta" en los años setenta. Los Tulieta estaban disponibles en dos modelos: el cupé GT y el cabriolé. Estos autos con motores de R4 alcanzaban 150 km/h, y con motorización de R12, lograban 180 km/h de velocidad final. El GT costaba alrededor de 38 mil pesos ley 18.188. En el caso del Tulia GT, fueron aproximadamente diez unidades construidas en tres años; el modelo tenía como base al Torino y con la misma motorización, por lo que lograba 200 km/h (Rodolfo de Álzaga Unzué lo utilizó en el TC). En cuanto al equipamiento, contaba con llantas de aleación liviana, cubiertas radiales Goodyear o Firestone y, como opcional, el múltiple de admisión Macagno, que incorporaba un carburador Weber horizontal, alcanzando 230 km/h. Los colores de pinturas de carrocerías eran a elección.

A fines de los años ochenta, Crespi hizo una serie tipo Sport Prototipo con motorización de Fórmula Renault que iba a ser empleado para competición por el Club Argentino de Pilotos. Este modelo era una verdadera obra de arte, ya que la carrocería era producida en un solo molde y estaba compuesta por resina de poliéster y fibra de vidrio. Aunque la línea del vehículo daba la sensación de un modelo de alta *performance*, estaba equipado con motores de R4 o R12, incluida la transmisión, y se empleaban elementos de R4 para la suspensión.

---

[9] Ibídem.

En el concesionario Juan Winograd, que estuvo tanto en Avenida del Libertador 48 del barrio de Vicente López como en Juan B. Justo 4086 en Capital Federal, podía adquirirse el modelo "Ciervo", que no era otra cosa que un Torino, de dos o cuatro puertas, con faros delanteros y traseros de Mercedes-Benz (como aquel prototipo del Tiwle 1) y un nivel de equipamiento superior y exclusivo: caja automática con palanca al piso, sonido estereofónico con parlantes incorporados, aire acondicionado, dirección hidráulica, tapizado de cuero, baúl alfombrado, llantas especiales, frenos a disco en las cuatro ruedas, escape potenciado, pintura metalizada importada, vidrios tonalizados en "degradé", suspensión modificada y la trompa de diseño exclusivo.

Comahue GT 175 K. Lutteral

Tulieta GT, obra de Tulio Crespi.

El primer Lutteral. Lo corrió Alberto "Larry" Rodríguez Larreta.

El modelo "Ciervo" que hizo el concesionario Juan Winograd. *Aviso publicitario.*

El Torino Flotillero corresponde a una serie de sólo 27 unidades producidas. *La foto es de los amigos de tutorino.com.ar/foro/*

El exclusivo descapotable "Tiwle". *Aviso publicitario.*

"Torello". *Archivo* Autos de Época

Comahue II, *by* Lutteral.

14 | De exportación y últimas versiones

En los primeros seis años de la década de 1970, el Torino se convirtió en el auto más vendido de la alta gama. Tomó relativamente gran prestigio en parte del mundo y sendas unidades fueron enviadas a gobernantes de distintas partes del mundo, como Fidel Castro, Leonid Brézhnev, Muamar el Gadafi, Rafael Caldera, y también a Charles de Gaulle.

El envío de un modelo cupé a Gadafi se relacionó con un proyecto de exportación de unidades Torino de cuatro puertas a Libia. Durante las negociaciones, viajó Juan Carlos López, gerente de Definición de Producto de IKA-Renault, pero no tuvieron éxito. En ese entonces, Juan Domingo Perón era presidente de la Nación y su secretario privado y ministro de Bienestar Social, el "brujo" José López Rega, mantenía una relación especial con Gadafi, luego de que programara un faraónico acuerdo multilateral con Libia, en un contexto internacional signado por la crisis petrolera originada en el conflicto de Medio Oriente.

La génesis del intercambio había surgido a través del cónsul general de Kuwait, Faysal Nufuri, que en su intento de acercar a Perón al mundo árabe organizó, para el último trimestre de 1973, la gira por Libia, Egipto y otros países de Asia menor, de una delegación compuesta, entre otros, por directivos de YPF, la Confederación General Económica, el empresario petrolero Carlos Pérez Companc y el consultor Alejandro Name. Dice Marcelo Larraquy en su libro sobre López Rega (2004):

> La base conceptual del acuerdo era el intercambio de proteínas por energía.
>
> [...]
>
> Todo transitaba por los carriles institucionales normales, hasta que, de pronto, López Rega constituyó la Unidad Operativa Proyecto Libia; la puso a cargo de Celestino Rodrigo, su secretario de Seguridad Social, y viajó a ese país con una delegación propia para firmar acuerdos de importación de petróleo y gas licuado, construcción de viviendas,

exportación de automóviles, venta de productos agrícolas y ganaderos, armas y numerosos convenios de distintos rubros.

Por abril de 1974 habían sido embarcados con destino a Libia 55 Jeeps de IKA-Renault, que formaban parte de una exportación convenida de 370 unidades a cubrirse durante el mismo año.[1] La Argentina le vendía a Libia productos manufacturados que se pagaban con petróleo. Incluso el señor López Rega quiso instalar una fábrica de autos allí a cambio de petróleo pero finalmente esto no prosperó. Tampoco se llegaron a enviar los sedanes Torino. Sí, en cambio, *pick-ups* Jeep carrozadas por "Sabú" con mecánica Continental 4L-151. Pero estas exportaciones no se hicieron de gobierno a gobierno, sino que intervino Renault de Francia, que enviaba a Trípoli los Jeeps argentinos y allí los recibía el representante local de Renault.

El cupé en cuestión era el que Perón poseía en Madrid, un TS gris que había recibido por parte de Jorge Paladino, que era su delegado personal en el exilio. Se envió a Trípoli cuando Perón se desprendió de algunas de sus posesiones madrileñas, ya siendo presidente de la Nación por tercera vez. Como anécdota: Gadafi se quejaba del ruido que hacía el escape y Juan Carlos López se lo reemplazó por un silenciador de Cadillac. Gadafi, además, había hecho colocar una plaqueta al lado del portapatente trasero que rezaba en árabe: "Este auto es un regalo del general Perón".

En el caso de Rafael Caldera, presidente de Venezuela, ocurrió que en una visita oficial a Buenos Aires en 1972, su amigo el general Alejandro Agustín Lanusse, por entonces presidente de la Nación, le obsequió un caballo de paso, cuadros de pintores argentinos y un Torino cero kilómetro, azul oscuro metalizado, con dirección hidráulica y aire acondicionado. Lanusse incluso llegó a emitir una circular por la que todos los vehículos de las embajadas argentinas debían ser Torino y no Mercedes-Benz, que era lo que se estilaba.

En 1972 se exportó una unidad Torino Lutteral-Comahue para ser vendida en Suiza.

---

[1] Revista *Auto Club*, n° 175, mayo de 1974.

Por su parte, Kimball McCloud –uno de los hijos de James McCloud– poseía desde los primeros tiempos del Torino una unidad en Estados Unidos. Mientras cursaba sus estudios en la Universidad de Stanford (en época de vacaciones vivía junto a su familia en Boulogne sur Mer, provincia de Buenos Aires, mientras su padre permaneció en la Argentina), un compañero, el hijo de Faisal, rey de Arabia Saudita, probó el Torino, al que le dedicó elogiosos comentarios. Hasta su muerte, James McCloud tuvo una unidad 380W de 1966 que había pertenecido desde cero kilómetro al piloto Adolfo Schwelm Cruz. El automóvil estuvo algún tiempo en la estancia "Huinca-Lu" que Jim poseía en Traful, Neuquén, y antes de llevarlo a Estados Unidos, Oreste Berta fue el encargado de hacerle una afinación y puesta a punto al Tornado-Interceptor.

La empresa Pininfarina dio un *styling* para un nuevo Torino que nunca vio la luz.
Pininfarina

Cupé ZX ya con la marca *Renault* antecediendo al nombre *Torino.*

Desde los países limítrofes, como Brasil, Chile, Paraguay y Uruguay, llegaron pedidos de importación de Torinos, aunque todos fueron rápidamente (y no desinteresadamente) abortados por la Renault.

Y ya en tren de recordar proyectos abortados, otro emprendimiento fue el Torino con dirección a la derecha para exportar a Australia u otros países del *Commonwealth* con circulación vehicular por la izquierda. Hubo sí, como era habitual, el correspondiente prototipo experimental. En cambio, se llegaron a exportar a Nigeria con dirección a la izquierda (unos seis meses antes se había cambiado el sentido de circulación en aquel país) unos 35 cupés que llegaron por vía marítima a Lagos, y se vendieron allí y en Kano.

Para 1976, Renault Argentina había discontinuado la versión de tres carburadores Weber y la versión más potente –velocidad máxima de 195,71 km/h con una aceleración de 0-100 km/h de 10,8 segundos, según *test de* la revista *Parabrisas-Corsa*– comenzó a denominarse TSX. A mediados de abril de ese año, el periodismo especializado fue invitado al Autódromo Municipal de Buenos Aires para probar el nuevo Coupé Torino TSX producido por la entonces llamada "Renault Argentina S. A." (RASA).

Los cambios se vieron en los faros suplementarios rectangulares –estrenados por el modelo SE de 1974– en la trompa, que cambia parrilla y logotipo, y los faros traseros. A partir de las nuevas versiones de 1973, gracias a la realización de la familia de matrices de la forja de los modelos sedán y cupé se pudo rediseñar el aspecto de las manijas exteriores de puertas a paleta embutida, igual al utilizado en modelos de la línea de AMC, tanto en vehículos de pasajeros, como el Spirit, como en el Jeep Wrangler.

Para 1976, en el Torino ya eran ofrecidos dos elementos que antes habían sido opcionales: el aire acondicionado y la dirección servoasistida, que aún se mantenía en opción pero eran muchas las unidades que salían así a pedido. Otros cambios consisten en:

- nuevos tapizados (las butacas habían sido ya modificadas en los modelos de 1974, como los faros traseros, las luces de cortesía y los paneles internos de puertas);
- radio con balanceador de parlante delantero más traseros con antena automática;
- doble circuito de frenos, servoasistidos, a discos ventilados en ruedas delanteras, y a tambor, con válvula antibloqueo, en las traseras;
- diferencial autoblocante que ofrece seguridad en alta *performance;*
- caja ZF modelo S4-3A, cuya relación de primera marcha es de 3,54:1,[2]
- y el cambio más notorio –no por eso el más elogiado–, la rueda de auxilio "montada a la antigua", es decir, fijada a un soporte sobre la tapa del baúl, aunque no aparece en todas las unidades. Esta espantosa adopción estaba pensada para no penalizar la capacidad del baúl que alojaba, anteriormente, a la susodicha rueda, aunque ahora, además de atentar contra la estética, perjudicaba la aerodinámica del vehículo, y hacía que, con el tiempo, la tapa del baúl se venciera por el peso.

A la versión sedán Grand Routier (que para Fábrica sigue denominándose "SE" pero se identifica ahora con un emblema "Grand Routier", aún no "GR") se agrega un techo corredizo eléctrico, además del tablero idéntico a la TSX con fondo blanco, pero con reloj horario en lugar de taquímetro; llantas, o bien idénticas a su

---

[2] En los modelos anteriores, la caja ZF era el modelo S4-5A, cuya relación de primera marcha era de 2,83:1.

Cupé TS ´73 del amigo del autor doctor Miguel Graciarena. *Parabrisas*

predecesor, el primitivo SE, o bien como las de la TSX. La barra V de refuerzo torsional tiene ahora dos bulones donde va agarrada al parallamas. Las butacas son idénticas también a las del cupé, la palanca va al piso con la misma caja que su antecesor, a diferencia de las del cupé (ZF 3.54), y ahora son 180 HP de potencia que le permitían superar los 180 km/h (estos sedanes tienen el motor de los cupés TS de siete bancadas, es decir, el del modelo 626).

El insulso SE de 1974 (152 HP) tenía llantas de chapa ciegas con tazas que las cubrían totalmente, en aluminio y negro mate, tablero franciscano, volante de Ambassador, palanca a la columna de dirección (ZF 2.83), butacones delanteros casi unidos, barra V con un solo bulón en el parallamas. Se adoptaron las parrillas TSX, ZX y GR, y se conservó la del modelo 1970 sólo para los cupés GS y TS (aunque con distinto "toro"), que siguen en producción hasta 1976 y 1977, respectivamente. Es decir, grilla plástica de color negro mate con faros auxiliares rectangulares: los del Dodge 1500; los auxiliares redondos fueron siempre de Renault Dauphine, aunque con distinto encastre. Las diferencias están sólo en el diseño del toro rampante y en que aún se mantienen los aros de faros principales en acero inoxidable.

A mediados de la década de 1970 se estudió la incorporación del techo corredizo disponible en Renault para el modelo de cuatro puertas a fin de ofrecer los mismos accesorios que se encontraban en la competencia. Además, se creó un nuevo tapizado interior y se adaptó la curva del gotero del techo corredizo en la estructura del vehículo. Los diseños de adaptación se hicieron en Córdoba y la construcción de los modelos, en Rosario, a cargo de la firma Modelar.

Apertura de la importación

La resolución 1.634 del 28 de diciembre de 1978 fijaba la disminución progresiva de los impuestos a la importación, comenzando el 1 de enero de 1979 y prolongándose por trimestres hasta fines de 1984.

Los autos importados invadieron las calles. Había marcas nuevas y otras que hasta entonces sólo se veían con franquicias diplomáticas. Las terminales argentinas tuvieron que ponerse al día con las novedades, por lo que aparecieron *face liftings* más "aggiornados", direcciones servoasistidas, equipos de aire acondicionado, cajas automáticas, cajas mecánicas con sobremarcha, nuevos colores, nuevos tapizados. Se trataba de adaptarse, "ponerse a tiro". Y aunque en rigor no lo lograron, el mercado los aceptó. Pesaba más la tradición en el país, el servicio posventa asegurado o el valor de reventa, que los encantos aerodinámicos de un hidroneumático Citroën.

En 1979, RASA lanzó "la respuesta nacional a los mejores autos importados":[3] el Coupé ZX y el Sedán Grand Routier (GR), los únicos autos argentinos de categoría internacional. Pero en estos nuevos modelos había un cambio notorio: ya no estaba, orondo y resplandeciente, el toro en la parrilla plástica, sino que había sido reemplazado por el conocido rombo de la firma gala. El escudo que los americanos y argentinos habían elegido para el fabuloso auto que habían creado, como una marca aparte de la línea IKA (Jeep, Rambler, Torino, Renault, BMC), los franceses lo adoptaron

---

[3] Aunque tiempo después comenzara a importar desde Francia R5, R20 y R30 en su mayoría para competir, en parte, con su propia producción.

En 1979 era común ver autos importados como Mercedes junto a un Torino, como ya antiguos modelos de los años sesenta. *Producción ad hoc 2018. Copyright Cinthia Cresimbeni*

como un modelo de la línea Renault. Es una ironía, ya que ellos nunca estuvieron de acuerdo en el desarrollo de este auto.

A Michel Maison, representante de Renault en los primitivos tiempos de IKA, no le gustaba lo que él llamaba actividades de producción "pesadas", refiriéndose a la forja, fundición y otras actividades integradas de IKA que servían a la industria en general. Según relata McCloud ([1995] 2015):

> Creo que [Maison] se habría sentido feliz si hubiéramos concentrado nuestros recursos en nuestra propia producción interna, y más específicamente, en la línea Renault excluyendo los vehículos utilitarios y autos de pasajeros. Yo veía las cosas en forma diferente y deseaba que IKA fuera más que sólo un productor de autos.

En verdad ellos lo que querían era vender a IKA sus modelos y hacer lo que finalmente consiguieron una vez a cargo de la compañía: tener una filial de la empresa francesa, cuando el gran mérito de IKA fue que se trataba de una empresa argentina.

En estos nuevos modelos, si bien ya no tenían el encanto de origen, se presentaban modificaciones estéticas que lo hacían más moderno (e interesante en algunos elementos), como los cambios en el interior y en tapizados, los asientos con apoyacabezas integrales y el nuevo volante (era el de R12 TS con el rombo en el centro). El interior recibe la reestilización del tablero de instrumentos, manteniendo el estilo tipo comando de aeronave, con bajada central combinada con la consola, la guantera y el freno de estacionamiento. El instrumental es de fondo azul con nueva escala para el velocímetro. Se suman cinturones delanteros de tres puntos y nuevos paneles tapizados de puertas y cuarto trasero.

Ambos paragolpes son totalmente nuevos y están construidos en una única pieza. En el frente, el rombo de la firma francesa reemplaza al toro de Torino y los aros de los faros principales son ahora plásticos. Los lentes de luces de posición y viraje están reubicados debajo del paragolpes delantero y una máscara plástica a cada lado une el faro principal con el auxiliar, que se mantiene tal como la línea anterior (tienen malla metálica en la base de la parrilla). El capó, por su parte, toma el estilo de los R6 y R12 con un nervio central. La antena de radio es ahora de serie ubicada atrás, de accionamiento eléctrico al encender una radio AM/FM estéreo pasacasete.

El encendido es electrónico y la servodirección y el aire acondicionado son elementos totalmente de serie. En los GR el techo corredizo también pasa a ser eléctrico de serie. Hay un cambio menor en las molduras de popa que recorren el contorno de la misma y en la plancha plástica que va entre los lentes traseros que se mantienen sin cambio desde 1974. El rodado de las llantas es ahora de 14 pulgadas (anteriormente era de 15), con igual medida al Falcon, al posteriormente lanzado Peugeot 505 y al importado Mercedes-Benz W123, entre otros.

En una segunda oportunidad, puntualmente en 1981, se remoza el aspecto hasta darles a los instrumentos y porta-instrumentos un estilo modular. Esta modificación se hizo efectiva casi al final de la vida del Torino, en las últimas cuatrocientas unidades producidas. La consola ubicada entre las butacas delanteras se divide en dos piezas, mientras que el fondo de la plancha de instrumentos toma el aspecto del R18 (en lugar de ser plástico, como los anteriores). El instrumental, con nuevo diseño en los relojes redondos con marcos cuadrados, es ahora de fondo negro con agujas naranjas. El Coupé ZX incorpora reloj horario digital en el techo y debajo del estéreo se le incorpora un vacuómetro.

También se cambia el volante, mientras que los espejos retrovisores externos son ahora los del R18, uno a cada lado, con comando interno en el izquierdo. Se mantuvieron las potencias de 180 HP SAE a 4.700 rpm para el sedán y de 200 HP SAE a 4.500 rpm para el modelo de dos puertas. La cupla, para el GR, de 31 mkg a 2.500 rpm, y para la versión ZX de 33 mkg a 3.000rpm. Para este último, frenos de discos ventilados. El alternador dejó de ser de cuarenta amperes para dar lugar a uno de sesenta. Se suma el desempañador eléctrico para la luneta posterior y los ventiletes de puertas fueron móviles en los primeros, para pasar a ser de posición fija en las últimas unidades producidas.

Esta línea 1979 entró en producción a fines de 1978. Acompañando el cambio de escudo, las denominaciones pasaron a ser "Renault Torino ZX" y "Renault Torino GR". A pesar de todo, el vehículo estaba quedando relegado con respecto a los autos japoneses provenientes de la importación promulgada por el entonces Ministro de Economía, Dr. José Alfredo Martínez de Hoz, con modernos diseños y cajas automáticas, pero también por el advenimiento de la nueva línea de automóviles Renault, en producción en Santa Isabel, como el R18 (desde 1980) y el Coupé Fuego (desde 1982).

De tal manera, con 99.792 ejemplares producidos desde el 26 de octubre de 1966, el 30 de diciembre de 1981 culminó la producción, bajo orden expresa de la Renault, en la planta cordobesa. Con el Torino se iba una importante etapa de la industria automotriz argentina, creada por la mismísima IKA, que la gente no quiso o no supo comprender.

Fabricar o dejar de fabricar un modelo de automóvil es una decisión muy difícil y que depende de muchos factores. Para adoptar una medida semejante, la Dirección de la empresa tomó en cuenta los informes de todos los sectores que la componían; asimismo, realizó un estudio de marketing para determinar qué pasaría dentro de dos años cuando los herramentales estuvieran listos. Para continuar con la producción había que empezar a reemplazar matricería gastada, lo que, con el volumen de ventas, no era rentable. La decisión de reemplazar ambas versiones del Torino por el Fuego y el R18 les dolió a todos, pero era lo correcto del punto de vista industrial y comercial. Tal vez si hubiera prosperado el Proyecto R40, la muerte del Torino habría sido más lenta (o no) y menos digna.

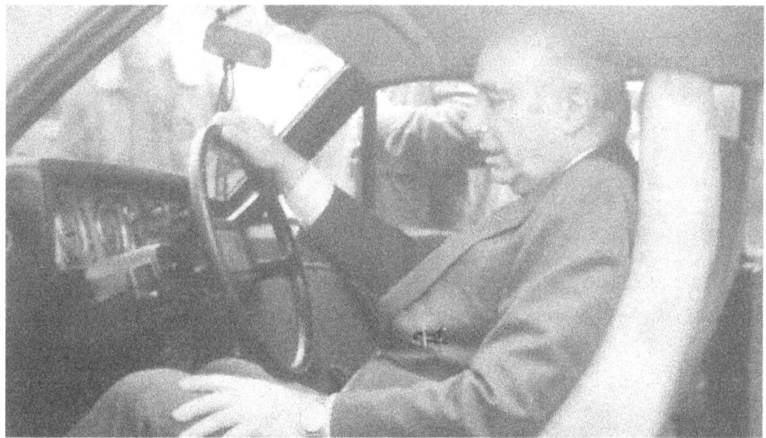

Fangio a bordo de un Coupé ZX

Línea final de ZX según último cambio de 1981. *RASA*

El R5 importado fue de los Renault más populares. *RNUR*

El tope de gama R30 TS V6 importado. *Corsa*

Un Torino sedán ingresa a la flamante cabina de pintura inaugurada por Renault luego de millonaria inversión. *Parabrisas-Corsa*

La gama de 1971. *Aviso publicitario*

Como una flecha plateada, el Torino en plena carrera triunfadora. *Prensa*

Sedanes de producciones especiales. *VEFRA*

James McCloud (1918-2010)

James F. McCloud egresó de la Universidad de Stanford como ingeniero mecánico en 1941. Con la ayuda de Henry J. Kaiser Jr., entró a trabajar inmediatamente después de su graduación en el Astillero Kaiser de Richmond, California. A los veinticinco años asumió las funciones de capataz de Equipamiento del Astillero S3. Concluida la Segunda Guerra Mundial, McCloud fue transferido a Willow Run donde se hizo cargo de varias tareas, convirtiéndose en 1953 en gerente general de la División Motores de Detroit. Luego sobrevino el período en IKA desde 1954 hasta 1967, seguido por las actividades en la Presidencia en Argentina de la Corporación Kaiser Aluminio y Química hasta 1972, cuando regresó a Oakland como presidente del grupo y director de las Industrias Kaiser. Desde 1974 hasta su retiro en 1983 fue presidente de Ingenierías Kaiser, completando 42 años en la empresa. McCloud había nacido en West Oakland, California. Casado con Geneva Kathryn Edgar, fueron padres de cuatro varones: Kimball, Kelly, Mark y James, éste nacido en la Argentina. Murió en Las Vegas, Nevada, el 2 de diciembre de 2010.

15 | La Argentina que no fue

Como en toda industria, también en la fabricación de automóviles la acción empieza por la concepción del producto a fabricar. La importancia de esta fase ha crecido considerablemente con el correr del tiempo y hasta se creó una terminología específica: se habla de *design* y de *concept car*. La industria automotriz se equipó con centros de ensayos secretos y sofisticados destinados a verificar la eficiencia de los múltiples inventos que brotan de la concepción ayudada por computadora.

En el caso de IKA, esta parte de la obra estuvo en su tiempo a cargo de Kaiser, Willys y AMC, pero cuando estas firmas dejaron de producir automóviles, IKA se encontró sin fuente de inspiración para actualizar su línea de producción con modelos nuevos. Y aquí está el *quid* de la cuestión de cómo James F. McCloud tuvo que luchar para suplir esta falta.

Después de intentos laboriosos, no siempre coronados de éxito como el caso del Bergantín, la Régie Renault acordó con IKA un convenio mediante el cual se abría una era de colaboración estrecha y la posibilidad de fabricar vehículos ideados y puestos a punto por la ingeniería de Renault. El camino de esta colaboración desembocó en el retiro de quienes habían creado IKA y su reemplazo por directivos de Renault. Este acontecimiento confirmó que la producción de automotores no es posible sin contar con una ingeniería propia. Por otra parte, la inversión y los gastos de funcionamiento de dicha ingeniería son tan elevados que solamente fabricantes de importancia mundial pueden asumirlos. Estas empresas mundiales producen automóviles que salen de sus sucursales edificadas en muchos países del mundo. La interpenetración de los mercados de las distintas marcas genera una competencia planetaria y muchos países que no podrían cobijar una industria independiente son sedes de estas sucursales productoras de automóviles.[1]

---

[1] Jack Baranson (1971), en su informe sobre la industria argentina, advierte que "resulta irónico" que la salida del mercado de IKA a mediados de 1967 "se

La planta edificada por IKA fue en su tiempo una de las primeras en funcionar de esa manera. Se hizo una tentativa para independizar la ingeniería del producto y el resultado fue el Torino. Pero no fue suficiente y las instalaciones producen ahora vehículos Renault. Que no se haya avanzado nunca más en un sucesor nativo para el Torino demostró la incapacidad que tiene la Argentina para contar con una ingeniería propia debido a su limitado mercado. Pensemos que en Estados Unidos sólo durante el primer trimestre de 1960 se vendieron 126.132 Ford Falcon y aquí se necesitaron treinta años para producir 494.209.

No hay que olvidar que en esa época existía una reglamentación que exigía productos con un alto contenido nacional y la inversión requerida era insostenible para la poca cantidad de autos que absorbía el mercado. Cuando se lanzó el Carabela, por ejemplo, éste tenía la ventaja de poseer toda la matricería hecha en Estados Unidos, donde se había dejado de utilizar. Las máquinas que trajo Kaiser servían para fabricar el motor Continental, que hasta 1965 se siguió produciendo en Norteamérica. Y el motor Tornado que se lanzó posteriormente –cuyo primer diseño no era bueno– tenía la ventaja de poder fabricarse con la mayoría de las máquinas del Continental. En el mecanizado de cigüeñales, por ejemplo, el templado de los muñones (una sola operación) lo hacía una máquina que costaba cuatrocientos mil dólares.

La incursión estatal en la incipiente producción automotriz a través de IAME había resultado insuficiente. Por esta razón, el gobierno acordó con la firma Kaiser la creación de una planta automotriz de mayores dimensiones. IKA se creó sobre la base de elementos generados por IAME. En ese sentido, la formación de una fuerza de trabajo para la rama fue una de las tareas más importantes desarrolladas previamente. También se había

---

debiera en parte a una ampliación excesiva que fue posible por la destacada posición que ocupaba en la industria". Un hecho que agravó la situación de la empresa fue que al absorber a SIAM Di Tella en 1965, IKA esperaba quedarse con la autorización para fabricar otros cinco mil vehículos, además de las instalaciones de forja y fundición que SIAM poseía en la zona de Buenos Aires. Pero la adquisición de esta empresa, cuyo pasivo estaba subestimado, tuvo lugar justo antes que el gobierno ordenase reducir la producción a fines de 1965.

incentivado en cierto grado la industria autopartista que, sin embargo, tampoco alcanzó para las necesidades de una producción masiva.

El proceso de trabajo en la nueva planta resultó superador al utilizado en IAME, lo cual se condice con una mayor producción. Las ventas colocaban a IKA entre las empresas líderes. Sin embargo, la capacidad instalada de la empresa era superior a la capacidad de absorción del mercado.

La planta fue diseñada en momentos en que la competencia estaba restringida. De esta forma, la demanda que se esperaba para los productos de IKA era mayor que la que existió cuando, a partir del gobierno de Frondizi, se instaló un número elevado de competidores. Por otra parte, debido a la insuficiencia de la industria autopartista existente y para incrementar la utilización local de piezas, IKA decidió incorporar la producción de una masa importante de partes. También decidió elaborar modelos en distintas categorías en pos de expandir su porción de mercado y aprovechar la capacidad generada.

El resto de las firmas no incrementó en igual magnitud que IKA la utilización de partes nacionales. La mayoría de las empresas preferían pagar multas por importar las piezas que adquirirlas en el mercado local. A esta desventaja se sumó el hecho de la menor productividad de IKA frente al resto, en especial por cierto retraso técnico. Así, a la empresa le resultó dificultoso competir en el mercado interno y continuar funcionando.

Si en el mercado local tuvo una situación adversa, la posibilidad de incursionar en el mercado mundial lo sería aún más. Las posibilidades de exportación se veían limitadas por la baja escala de la industria local. Otro elemento a tener en cuenta es el carácter tardío de la industria en el país, que comienza a desarrollarse con más de medio siglo de diferencia de la industria mundial.

Incluso si hubiera existido una sola empresa que produjera para todo el mercado interno, la escala de producción máxima que se podría alcanzar estaría por debajo del mínimo requerido para igualar un nivel de productividad media de un solo modelo. De esta forma, también difícilmente la industria autopartista podría haber alcanzado una escala competitiva. Por esta razón, estoy convencido de que la imposibilidad de despegue de la industria automotriz nacional está relacionada con un problema estructural del capitalismo argentino, más que con políticas económicas erradas o falta de voluntades empresariales.

La "Argentina Potencia" de la que hablaba el tercer gobierno peronista nunca existió. Es cierto que en las tres primeras décadas del siglo pasado este país fue la séptima economía del mundo, por delante de Canadá, Australia, Nueva Zelanda, España. Esto fue gracias a la Constitución de 1853 que abrió las puertas a todas las personas de cualquier parte del mundo que quisieran venir a trabajar a nuestro país. Así llegaron nuestros abuelos, piamonteses, suizos, vascos, catalanes, irlandeses, franceses, alemanes, etcétera, que colonizaron estas tierras. Se hicieron puertos, caminos, se pobló y cultivó el interior del país y se creó riqueza gracias a que vendíamos alimentos a un mundo hambriento. Después de la Primera Guerra Mundial siguió la ola inmigratoria con trabajadores polacos, ucranianos, rusos, alemanes, etcétera. El país seguía creciendo, conducido por seguidores de la obra de Pellegrini, Roca, Avellaneda, Sarmiento y otros estadistas que surgieron después de la noche rosista.

La propensión de Argentina a consumir mucho y ahorrar poco en épocas de optimismo se manifestó también en el Estado. Durante la Primera Guerra Mundial, la dependencia de los ingresos públicos respecto de los impuestos al comercio se reflejó en un aumento del endeudamiento público. El manejo fiscal durante la presidencia de Alvear fue ordenado pero no austero, y la deuda flotante se convirtió en obligaciones de más largo plazo. El deterioro en la situación presupuestaria se potenció con la Gran Depresión hasta convertirse en carga para las administraciones de los años treinta y siguientes.

Entre 1919 y 1929, el producto bruto interno de la Argentina creció al 3,61 por ciento anual, superando a Canadá (2,65 por ciento), Estados Unidos (2,16 por ciento) y Australia (1,64 por ciento). Era la edad de oro de la economía argentina.

La crisis de 1929, por la caída de Wall Street, y el modelo de sustitución de importaciones que se generó en Argentina, modificaron para siempre el camino iniciado por la Generación del 80.

Epílogo para un auto

En años de cambios culturales, políticos y sociales, el Torino no fue un auto más de la producción argentina que se inició en la última etapa del segundo gobierno peronista y que tomó énfasis durante el "desarrollismo" de Frondizi.

¿Qué significó en aquellos años? Verdaderamente nunca se afianzó en el mercado automotor vernáculo. Fue un coche para nuevos ricos y el *jet set* local nunca lo adoptó. Fue extravagante, posmoderno, deportivo y el sueño de quienes no lo podían tener. Quienes sí lo podían poseer miraban hacia otros vehículos. Un señor distinguido que condujera su propio coche compraba un Chevrolet. Un caballero o una dama notable que tuviera auto y *chauffeur*[1] poseían un Ambassador o, luego, un Fairlane. Un soltero o padre de familia joven, de posición relativamente acomodada, un Peugeot. El comprador, en los pocos tiempos interrumpidos que se abría la importación, o quien podía acceder a un permiso de embajadas o cuerpos consulares, siempre optaba por un auto importado.

El Torino, en cambio, era un auto que rápidamente perdía su valor de reventa. Un Falcon era un "cheque al portador" en todo momento, aun indignamente *aggiornado* en tantos años que permaneció en las líneas de producción.

El Torino, el auto más caro del mercado automotor argentino, "pegó" primero en los empresarios matarifes y luego en los distribuidores minoristas. Por lo general sus dueños no los conservaban más de uno o dos años y los revendían con sus motores castigados. Así pasaron de mano en mano, prontamente envejecidos, con muchos kilómetros e innumerables reparaciones.

---

[1] Esta palabra en francés la utilizaba tal cual la aristocracia argentina, que hablaba ese idioma y muchas veces se había educado en Francia o poseía propiedades en aquel país. Era común que estas familias trajeran sus propios automóviles al país, incluidos sus *chauffeurs*, que terminaban afincados aquí. Este vocablo para nosotros es simplemente "chofer" y "chófer" para los españoles.

Las versiones especiales salidas fuera de fábrica no sólo nunca ayudaron a que el Torino se afianzara en el mercado sino que fueron en detrimento de aquello. Especies de *tuning* actual, desaparecieron aún más prontamente.

Los modelos sedanes de cuatro puertas siempre sufrieron el ostracismo por culpa de las versiones cupés. Pues parecería merecer la excomunión poseer un Torino sedán o un Chevy sedán, y no así un Ford Falcon o un Chevrolet 400 de cuatro puertas. Al fin y al cabo, autos de poca gracia, irrisorios para dotes deportivas con carrocerías de sedanes familiares. Cosas veredes, Sancho…

El Torino cada vez se desvalorizó más, como auto usado, y cayó en manos de quienes no lo podían mantener. Algo así como suele suceder con los coches importados.

Recién hoy las primeras versiones de dos puertas, con especial interés por las de tres carburadores, han "picado" en los coleccionistas tradicionales de otras marcas. La escasez de las versiones Pininfarina, por ser las más antiguas y porque no hubo gran demanda hasta pasada la épica carrera de Nürburgring, ha enaltecido sustancialmente su valor como coches de colección. Les siguen los modelos posteriores, siempre con valor agregado las versiones más viejas con respecto a las reemplazantes inmediatas.

Hoy sí el Torino cupé es un cheque al portador y a la vista.

Apéndice | Identificación y cambios

Entre 1966 y 1981 se fabricaron 17 modelos de Torino. Las unidades del modelo de cuatro puertas (4 P) en todas sus versiones fabricadas entre esos años sumaron 42.534, mientras que las del modelo de dos puertas (2 P) fueron 57.258, es decir, un total de 99.792.

1. **Modelo PF-612 (611), "Torino 300", 4 P**
    Motor OHC-181; a partir del 18 de julio de 1968 se incorporó un sistema nuevo de lubricación; caja ZF nacional (395 unidades fueron importadas); 3.475 puentes traseros volumen 30; carburador Holley; embrague de 9-1/4 pulgadas de diámetro; relación de compresión de 7:1.

2. **Modelo PF-612S (612), "Torino S", 4P**
    Motor OHC-181, a partir del 18 de julio de 1968 se incorporó sistema nuevo de lubricación; caja ZF nacional; 3.475 puentes traseros volumen 30; carburador Holley/ABD (el ABD se incorporó en abril de 1969, opcional con Holley); embrague de 9-1/4 pulgadas de diámetro; relación de compresión de 7:1.

3. **Modelo PF-622 (622), "Torino 380", 2P**
    Motor OHC-230; caja ZF nacional; carburador Holley/ABD (el ABD se incorporó en abril de 1969, opcional con Holley); embrague de 9-1/4 pulgadas de diámetro; relación de compresión de 7,5:1.

4. **Modelo PF-TS (613), "Torino S 380", 4P**
    Motor OHC-230, a partir del 18 de julio de 1968 se incorporó sistema nuevo de lubricación; caja ZF nacional; carburador Holley/ABD (el ABD se incorporó en abril de 1969, opcional con Holley); embrague de 9-1/4 pulgadas de diámetro; relación de compresión de 7,5:1.

5. **Modelo 615, "Torino S", 4P**
    Motor OHC-230, a partir del 30 de marzo de 1972 se incorporaron modificaciones que lo unifican con el motor OHC-233 (7 bancadas); caja ZF; carburador RBS; embrague de 9-1/4 pulgadas de diámetro, a partir del 14 de mayo de 1971 se

incorporó comando mecánico de embrague; relación de compresión de 7,5:1-8:1 (Gama 71).

6. **Modelo 616, "Torino TS", 4P**

   Motor OHC-230, a partir del 30 de marzo de 1972 se incorporaron modificaciones que lo unifican con el motor OHC-233 (7 bancadas); caja ZF; carburador ABD opcional Holley; embrague de 9-1/4 pulgadas de diámetro, a partir del 14 de mayo de 1971 se incorporó comando mecánico de embrague; relación de compresión de 7,5:1.

7. **Modelo 617, "Torino L", 4P**

   Motor OHC-230, a partir del 30 de marzo de 1972 se incorporaron modificaciones que lo unifican con el motor OHC-233 (7 bancadas); caja ZF; 96 puentes traseros volumen 30; carburador RBS/Holley/ABD; embrague de 9-1/4 pulgadas de diámetro, a partir del 14 de mayo de 1971 se incorporó comando mecánico de embrague; relación de compresión de 7,5:1.

8. **Modelo PF-622W (623), "Torino 380 W", 2P**

   Motor OHC-230, a partir del 18 de julio de 1968 se incorporó sistema nuevo de lubricación; caja ZF nacional; carburadores Weber (3); embrague de 10 pulgadas de diámetro; relación de compresión de 7,5:1.

9. **Modelo 624, "Torino TS", 2P**

   Motor OHC-230, a partir del 30 de marzo de 1972 se incorporaron modificaciones que lo unifican con el motor OHC-233 (7 bancadas); caja ZF; carburador ABD opcional Holley; embrague de 9-1/4 pulgadas de diámetro, a partir del 14 de mayo de 1971 se incorporó comando mecánico de embrague; relación de compresión de 7,5:1-8:1 (Gama 71).

10. **Modelo 625, "Torino GS", 2P**

    Motor OHC-230, a partir del 30 de marzo de 1972 se incorporaron modificaciones que lo unifican con el motor OHC-233 (7 bancadas); caja ZF; carburadores Weber (3); embrague de 10 pulgadas de diámetro, a partir del 14 de mayo de 1971 se incorporó comando mecánico de embrague; relación de compresión de 7,5:1-8:1 (Gama 71).

11. **Modelo 619, "Torino SE", 4P**

    Motor OHC-230/233 (400 motores OHC-230); caja ZF;

carburador ABD girado a 90 grados; embrague de 9-1/4 pulgadas de diámetro a diafragma y comando a varillas, mecánico; relación de compresión de 8:1 (Gama 74). A partir del 10 de julio de 1975 se incorporó alternador de 12 voltios (Retur). A partir del 23 de enero de 1974 se incorporó en producción techo corredizo como equipo extra costo. A partir del 31 de octubre de 1974 se incluyen 1.800 unidades equipadas con pinzas de frenos Girling-Varga (procedencia Brasil, pieza n° 2062094 y n° 2062095). A partir del 6 de agosto de 1975 se incorporan servo y cilindro maestro doble circuito Teves (procedencia Alemania, pieza n° 2062066) para mil vehículos.

12. **Modelo 620, Torino (Flotillero), 4P**
Motor OHC-233; caja ZF; carburador ABD girado a 90 grados; embrague de 9-1/4 pulgadas de diámetro a diafragma y comando a varillas, mecánico; relación de compresión de 8:1 (Gama 74).

13. **Modelo 626, "Torino TS", 2P**
Motor OHC-233; caja ZF; carburador ABD girado a 90 grados; embrague de 9-1/4 pulgadas de diámetro a diafragma y comando a varillas, mecánico; relación de compresión de 8:1 (Gama 74). A partir del 10 de julio de 1975 se incorporó alternador de 12 voltios (Retur).

14. **Modelo 627, "Torino GS", 2P**
Motor OHC-233; caja ZF; carburadores Weber (3); embrague de 10 pulgadas de diámetro a diafragma y comando a varillas, mecánico; relación de compresión de 8:1 (Gama 74). A partir del 10 de julio de 1975 se incorporó alternador de 12 voltios (Retur).[1]

15. **Modelo 628, "Torino TSX", 2P**
Motor OHC-233; caja ZF; carburador ABD girado a 90 grados; embrague de 10 pulgadas de diámetro a diafragma y comando a varillas, mecánico; relación de compresión de 8,25:1.

---

[1] La incorporación del alternador de 12 voltios (Retur) para uso en los modelos 619, 626 y 627 alcanzó en total a mil unidades.

16. **Modelo 629, "Torino GR Sedán", 4P**

   Motor OHC-233; caja ZF; carburador ABD girado a 90 grados; embrague de 10 pulgadas de diámetro a diafragma y comando a varillas, mecánico; relación de compresión de 8,25:1.

17. **Modelo 630, "Torino ZX Coupé", 2P**

   Motor OHC-233; caja ZF; carburador ABD girado a 90 grados; embrague de 10 pulgadas de diámetro a diafragma y comando a varillas, mecánico; relación de compresión de 8,25:1.

Nombre comercial, período temporal de fabricación y cantidad de vehículos de los 17 modelos Torino fabricados por IKA y Renault

Modelo	Designación comercial	Producción (no incluye CKD ni SKD)		
		Fecha de inicio	Fecha de finalización	Cantidad
PF-612 (611)	Torino 300 (4P)	26-10-1966	20-4-1970	5.030*
PF-622W (623)	Torino 380 W (2P)	21-11-1966	2-2-1970	1.241
PF-622 (622)	Torino 380 (2P)	23-11-1966	25-3-1970	12.208
PF-612S (612)	Torino S (4P)	14-3-1967	25-4-1970	6.894
PF-TS (613)	Torino S 380 (4P)	18-9-1968	11-4-1970	1.588
615	Torino S (4P)	4-2-1970	5-10-1973	4.688
616	Torino TS (4P)	4-2-1970	4-10-1973	1.920
617	Torino L (4P)	4-2-1970	2-5-1974	3.340**
624	Torino TS (2P)	28-1-1970	19-9-1973	19.797
625	Torino GS (2P)	4-2-1970	26-8-1973	369
619	Torino SE (4P)	13-7-1973	31-5-1979	13.510
626	Torino TS (2P)	7-6-1973	15-3-1977	12.164
627	Torino GS (2P)	3-7-1973	15-1-1976	231
620	Torino (Flotillero) (4P)	22-5-1974	23-10-1974	27
628	Torino TSX (2P)	3-6-1975	31-5-1979	6.661
629	Torino GR Sedán (4P)	15-9-1978	30-12-1981	5.537
630	Torino ZX Coupé (2P)	15-9-1978	30-11-1981	4.587

(*) Se incluyen 941 unidades fabricadas en Monte Chingolo.
(**) Se incluyen vehículos especiales para la policía.
CKD: Completely Knocked Down; SKD: Semi Knocked Down.

Motores experimentales de siete bancadas jamás puestos en producción. *Servicio fotográfico IKA-Renault*

Cupé ZX. Última versión producida para el Torino de dos puertas. *Aviso publicitario*

Grand Routier. Último sedán producido para la línea Torino. *Aviso publicitario*

TSX sin rueda de auxilio sobre la tapa del baúl. *Franco Cipolla.*

ZX. Último diseño con espejos plásticos a la ofensiva de los autos importados. *RASA.*

Cupé TS en Salta camino a Lima, Perú, en un periplo de seis días en diciembre de 1971. *Gentileza de Federico y Marlú Kirbus*

El tablero de último diseño se hizo presente en las últimas 400 unidades producidas. *RASA*

Postal de Misiones donde se ven todos modelos IKA. La preside un Comahue II seguido de un Torino 300.

Interior para la nueva gama ´74. *Franco Cipolla*

El R12 es el suceso en ventas en 1980. Se acerca el fin del Torino. *RASA*

El R18 es el sucesor del Torino sedán. Se impone como auto de rally. *RASA*

El Renault Fuego reemplaza a la versión de dos puertas del Torino. Arrolladores triunfos en TC 2000. *Parabrisas*

La gama Renault se amplía y renueva constantemente: aquí el R21. *Road Test*

Jacques Montbeig, presidente y director general de Renault Argentina, presenta el nuevo R18 TX. *RASA*

El primer R11 deja la línea de montaje en 1984. *RASA*

La pre-serie de la Trafic sale en 1986. Suceso nacional. *RASA*

El R4 ya era el modelo más antiguo en producción desde los tiempos de IKA. Un GTL deja la línea final en 1986. *RASA*

Montaje de las últimas series del R12 y R18. *RASA*

Último R12 producido el 2/XI/1994. *RASA*

El R9 TSE Edición Limitada de 400 unidades. *RASA*

El R6 GTL cesa en 1984. *RASA*

El último Torino Coupé ZX producido yace hoy en una playa de secuestro judicial.

Anexo documental

Informe a los accionistas sobre la emisión en pago de bienes a Renault.

J.GIOVANNONI
Depto.766

INDUSTRIAS KAISER ARGENTINA S. A.

PRESIDENCIA
Sarmiento 1230 - Buenos Aires
Teléfono 35-7861 - Cables: IKARA

A TODO EL PERSONAL

Tal como les había adelantado en mi comunicado del 27 de julio, en el día de hoy se han concretado las negociaciones mediante las cuales se determinó la venta de la mayoría de las acciones que Kaiser Jeep Corporation poseía en INDUSTRIAS KAISER ARGENTINA, a la REGIE NATIONALE DES USINES RENAULT.

Como consecuencia de esta transferencia de acciones el señor Yvon Lavaud se hará cargo de la Dirección General, y a fin de mes en oportunidad de celebrarse la Asamblea Ordinaria de Accionistas, la misma procederá a la constitución del nuevo Directorio.

En este mes hace justamente 13 años del momento en que, como representante del grupo Kaiser, firmara un acuerdo con **el** gobierno argentino en virtud del cual asumimos la responsabilidad de establecer la fabricación de vehículos utilitarios y de pasajeros con el grado más alto de contenido nacional posible en la Argentina. Nos comprometimos asimismo a lograr la cooperación de los recursos nacionales técnicos y administrativos existentes y al desarrollo de la industria auxiliar proveedora de partes.

Desde la terminación del primer Jeep IKA el 27 de abril de 1956 hasta la fecha, todos nosotros hemos tenido el placer y el justificado orgullo de participar en este desarrollo. Me consta que hemos cumplido con las obligaciones que asumimos en octubre de 1954 y al hacer entrega de mis responsabilidades al señor Lavaud desearía manifestar a cada uno de ustedes así como a nuestros proveedores y concesionarios, lo mucho que he apreciado el trabajo en común con todos Ustedes. Hemos encontrado muchos obstáculos pero trabajando en equipo hemos logrado siempre emerger cada vez más fuerte.

Los cambios en la estructura societaria y en la dirección de IKA servirán para fortalecerla sobremanera para el futuro y les ruego acepten mis deseos personales de continuado éxito en la industria en cuyo nacimiento le cupo a IKA un papel preponderante.

Para finalizar desearía reiterar en nombre de mi señora esposa, mis hijos y el mío propio, nuestra más profunda gratitud a todos por la múltiple ayuda que, de una u otra forma todos Ustedes nos brindaron a lo largo de estos años.

9-10-67.-

James F. McCloud

Nota de despedida de James F. McCloud dirigida al personal de IKA al abandonar su cargo de presidente de la empresa en 1967

Villa Carlos Paz, March 22nd 2002

Dear Mr. McCloud,

It is certainly a pleasure for me to write to you once again. Do hope you are as fine as you have always been and still interested in subjects related to the IKA story that you know and wrote so well. I keep on reading from time to time pages of the book that you so amiably gave me, pages opened at random just to revive some of those moments and events so cherished to all of us having had the privilege to participate in the big challenge that was the manufacturing of cars in the Argentine of those days.

Related to that time, an article devoted to the Torino Club appeared a few days ago in the magazine "La Nación" and thought that it might be interesting for you to take a look at it. Therefore I allow myself to enclose herewith the original pages of said article while I'm keeping copies for future reference or distribution to other members of the IKA fellowship. You have probably forgotten some of your Spanish, but I feel sure you are familiar with it well enough to read this article easily.

And you'll note that the Torino story as narrated by Perazzolo to the interviewer does not adjust itself to the absolute truth. But this does not matter much; what is important is that the Torino was built, it was a big success and today some 2500 Torino owners are members of a club that to my knowledge has no equal in this country. Neither before nor after had a car made in Argentina aroused such a passionate love…

Think this is about all I wanted to tell you Mr. McCloud. Do hope you enjoy this article and may it be of help to bring back grateful recollections of your years with us in Argentina.

Cordially yours,

JORGE A. GIOVANNONI

Carta dirigida a McCloud por el ingeniero Jorge Giovannoni según copia enviada al autor.

JAMES F. McCLOUD
6 CLAREWOOD MALL
OAKLAND, CA 94618-2945

April 14, 2002

Dear Jorge:

I much appreciate your sending me the La Nacion
article on the Torino. The story that Perazzolo
narrated on the naming of the Torino is not correct
according to my memory. I can remember sitting in a meeting
in my office when the subject came up. George Harbert
was present. The question of naming the new model
was talked about and my memory says that Manuel Ordóñez
was the one that asked, "Why don't we call it the
Torino".

I can remember passing through Buenos Aires a couple
of years ago on my way to the Bariloche area where
my home is on Lago Traful and being met by the Torino
Club members with their cars and being driven from Ezeiza
to Aeroparque. It was great!

The Torino was not only made in Argentina, to my knowledge
it is the only mass-produced vehicle that has originated-
design, prototype, etc. - in South America.

I am usually in my Traful home, "Huinca-Lu" every year
from November until late March. So if you ever are down
that way during this period, come and visit.

Again many thanks for the article. I really have enjoyed
it. Mi Castellano no es perfecto pero entiendo todo y
como dicen la gente en Traful "Ud habla como un gringo-
gaucho!"

Saludos,

Respuesta de James F. McCloud a la nota que le enviara Jorge Giovannoni
sobre el bautizo del nuevo modelo de IKA.

CALCULOS - DEPARTAMENTO DE INGENIERIA

I K A	Título SUSPENSION- FRECUENCIAS DEOSCILACIONES- CENTROS DE OSCILACION	Modelo RAMBLER TORINO Hoja 1 de Hojas
Instrucciones: Incluir esquemas y presunciones aceptadas. Para fórmulas mencionar bibliografía, indicando número de página.-		Fecha. 15-6-66 Por:

DATOS:

K_1 = 110 Lb/pulg Rigidez suspension delantera

K_2 = ~~100~~ 126 Lb/pulg Rigidez Suspension trasera

l_1 = 45 pulg. (carga 2 pasajeros) l_1 = 49 pulgadas

l_2 = 62,5 pulg. (carga 2 pasaj.) l_2 = 58,5 pulg.

W = 2882 Lb. Peso suspendido 2 pasajeros

W = 3190 Lb Peso suspendido 4 pasajeros

$\dfrac{W}{g} = \dfrac{2882}{386} = 7,46$ Lb-seg^2/pulg Masa suspendida con 2 pasajeros

$\dfrac{W}{g} = \dfrac{3190}{386} = 8,26$ Lb - seg^2/pulg Masa suspendida con 4 pasajeros

Ig = 17.000 Lb. pulg seg^2

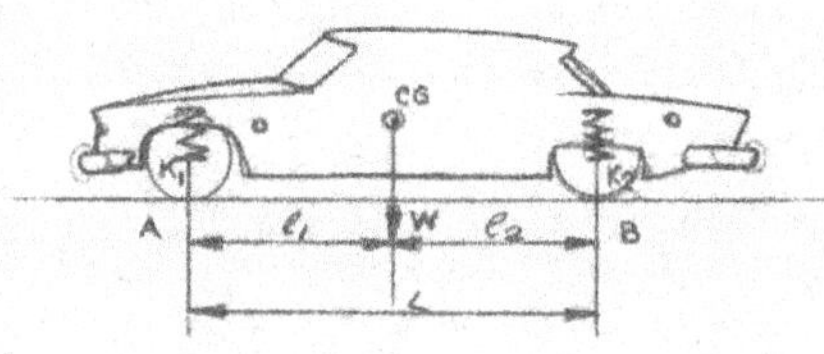

DETERMINACION Ig: $n = 73,6$ /min. Det. exp.

$$I_B = 91 \times K_1 \times \frac{L^2}{n^2} = 91 \times 220 \times \frac{107,5^2}{73,6^2} = 42.702 \text{ Lb pulg}^2 \text{ seg}^2$$

$$Ig = I_B - \frac{W}{g}\, l_2^2 = 42.702 - 25857 = 16.845 \text{ Lb pulg seg}^2$$

CALCULOS · DEPARTAMENTO DE INGENIERIA

I K A	Titulo SUSPENSION – FRECUENCIAS DE OSCILACION CENTROS DE OSCILACION.	Modelo RAMBLER TORINO
		Hoja 2 de Hojas
Instrucciones:	Incluir esquemas y presunciones aceptadas. Para fórmulas mencionar bibliografía, indicando número de página.-	Fecha: Por:

FRECUENCIA NATURAL DE OSCILACIONES Y CENTROS DE OSCILACION

Aplicando la fórmula simplificada:

$$p_1 = L\sqrt{\dfrac{k_1}{Ig + \dfrac{W}{g}\,\ell_2^{\,2}}} = 107{,}5\sqrt{\dfrac{220}{17000 + 7{,}46 \times 62{,}5^2}} = 7{,}43\ \dfrac{rad}{seg}$$

$$p_1 = 7{,}43 \times 9{,}55 = 71 \quad c/min$$

$$p_2 = L\sqrt{\dfrac{k_2}{Ig + \dfrac{W}{g}\,\ell_1^{\,2}}} = 107{,}5\sqrt{\dfrac{252}{17000 + 7{,}46 \times 45^2}} = 9{,}52\ \dfrac{rad}{seg}$$

$$p_2 = 9{,}52 \times 9{,}55 = 91 \quad c/min$$

$$\ell^2 = \dfrac{Ig}{W}\,g = \dfrac{17000}{7{,}46} = 2278\ \text{Pulg}^2$$

$$a = \dfrac{(k_1 + k_2)\,g}{W} = \dfrac{220 + 252}{7{,}46} = 63{,}2$$

$$b = \dfrac{(-k_1\ell_1 + k_2\ell_2)\,g}{W} = \dfrac{(-220 \times 45 + 252 \times 62{,}5)}{7{,}46} = 784$$

$$c = \dfrac{(k_1\ell_1^{\,2} + k_2\ell_2^{\,2})\,g}{W} = \dfrac{(220 \times 45^2 + 252 \times 62{,}5^2)}{7{,}46} = 191663$$

$$m = \dfrac{b}{\frac{1}{2}\left(\frac{c}{\ell^2} - a\right) + \sqrt{\frac{1}{4}\left(\frac{c}{\ell^2} - a\right)^2 + \frac{b^2}{\ell^2}}} = \dfrac{348}{\frac{1}{2}\left(\frac{191663}{2278} - 63{,}2\right) + \sqrt{\frac{1}{4}(84{,}5)^2 + \frac{784^2}{2278}}}$$

$$m = \dfrac{348}{18{,}67} = 18{,}6\ \text{Pulg}$$

$$m = \dfrac{348}{2{,}79} = 124{,}7\ \text{Pulg}$$

CALCULOS - DEPARTAMENTO DE INGENIERIA

IKA	Título SUSPENSION – FRECUENCIA DE OSCILACIONES– CENTROS DE OSCILACION –	Modelo RAMBLER TORINO
		Hoja 3 de Hojas
Instrucciones: Incluir esquemas y presunciones aceptadas. Para fórmulas mencionar bibliografía, indicando número de página.-		Fecha:
		Por:

$$m \times u = c^2 = 18,6 \times 124,7 = 2319 \ pul/p^2$$

$$DINAMIC\ INDEX = \frac{c^2}{l_1 \times l_2} = \frac{2.278}{45 \times 62,5} = 0,81$$

Cálculos para el Rambler Torino realizados en el departamento de Ingeniería de IKA en abril de 1966.

Bibliografía

Obras y artículos citados y sugeridos

Antonio, Jorge, 1968, *Argentina en venta. La desintegración del Estado liberal*, Buenos Aires: Editorial Jorge Álvarez.

Arréguez, Ángel César, 2008, *Fábrica Militar de Aviones: crónicas y testimonios*, Córdoba: Ministerio de Ciencia y Tecnología de la Provincia de Córdoba. Disponible en http://www.mincyt.cba.gov.ar/site/fabricamilitar/descarga/fma2008.pdf (fecha de acceso: 17 de enero de 2014).

Baranson, Jack, 1971, *La industria automotriz en los países en desarrollo*, Serie de Estudios del personal del Banco Mundial, Madrid: Tecnos.

Barrau, Miguel Ángel, 1969, *84 Horas de Nürburgring. Misión Argentina*, Buenos Aires: Suceso Deportivo.

Belini, Claudio, 2009, *La industria peronista*, Buenos Aires: Edhasa.

Berasategui, Roberto, y Feito, Mauro, 2008, *Turismo Carretera. 70 años. Historia de una pasión*, Buenos Aires: Planeta.

Burzaco, Ricardo, 1995, *Las alas de Perón*, Buenos Aires: Editorial Da Vinci.

Cipolla, Franco H., 2003, *IKA, la aventura*, Córdoba: Ediciones del Boulevard.

———, 2004, *La epopeya de Kaiser-Renault: 1954-1975*, Córdoba: Ediciones del Boulevard.

———, 2007, *Ford, la verdadera historia*, Buenos Aires: edición del autor.

———, 2008, *Proyecto Vehículo X*, Buenos Aires: edición del autor.

———, 2011, *La saga de los compactos*, Córdoba: Ediciones del Boulevard.

———, 2012, *El inicio de la industria automotriz argentina*, Córdoba: Ediciones del Boulevard.

———, 2018, *Auge, apogeo y decadencia de la industria automotriz argentina*, Buenos Aires: 1884 Editorial Círculo Militar.

De Nápoli, Carlos, 2008, *Los científicos nazis en la Argentina*, Buenos Aires: Edhasa.

Del Carril, Bonifacio, 1959, *Crónica interna de la Revolución Libertadora*, Buenos Aires: edición del autor.

Ford Argentina SCA, 2003, *90 años en la Argentina*, Buenos Aires: Departamento de Relaciones Institucionales y Gubernamentales.

Garbely, Frank, 2003, *El viaje del arco iris. Los nazis, la banca suiza y la Argentina de Perón*, Buenos Aires: El Ateneo.

Gerchunoff, Pablo y Llach, Lucas, 1998, *El ciclo de la ilusión y el desencanto. Un siglo de políticas económicas argentinas*, Buenos Aires: Ariel.

Gesumaría, Eduardo, 2009, *Oscar Cabalén. El ídolo*, Córdoba: El Emporio.

Harari, Ianina, 2008, "IKA: auge y crisis de una empresa mixta (1955-1967)", presentación en las XXI Jornadas de Historia Económica, Asociación Argentina de Historia Económica, Universidad Nacional de Tres de Febrero. Disponible en http://xxijhe.fahce.unlp.edu.ar/programa/descargables/Harari.pdf (fecha de acceso: 9 de marzo de 2014).

IKA, 1965, *IKA 10 años*, Buenos Aires: Publicaciones IKA.

IKA, *Manual de taller para vehículos IKA. Motor Tornado*, Publicaciones técnicas, División Service.

Langworth, Richard M., 1975, *Kaiser-Frazer: The last onslaught on Detroit*, Automobile Quarterly.

Larraquy, Marcelo, 2004, *López Rega. La biografía*, Buenos Aires: Sudamericana.

McCloud, James F., 2015, *Del Jeep al Torino. La historia de IKA, primera planta automotriz integrada de Sudamérica*, Carapachay: Lenguaje claro Editora. (Edición original en inglés, publicación del autor: 1995, *The IKA Story*.)

Melnik, Luis, 2006, *La máquina*, Buenos Aires: Claridad.

Núbile, Roque A., 2001, *Años de gloria, 1935-1960*, Buenos Aires: FUNDALEA-Centro de Estudios Nuevo Milenio.

Page, Joseph A., 1984, *Perón, Segunda parte (1953-1974)*, Buenos Aires: Círculo de Lectores.

Ratti, Sandra Liliana, 2008, "La industria automotriz en Córdoba: el caso IKA. Reflejo de un proceso en los principales diarios locales antes de su instalación y frente a su primera producción (1954-1956)", presentación en las XXI Jornadas de Historia Económica, Asociacion Argentina de Historia Económica, Universidad Nacional de Tres De Febrero. Disponible en: http://xxijhe.fahce.unlp.edu.ar/programa/descargables/Ratti.pdf (fecha de acceso: 6 de febrero de 2014).

Renault Argentina, 2005, *Renault en la Argentina. 50 años en movimiento,* Buenos Aires: Renault Argentina S. A.-Gerencia de Comunicación, edición única no comercial.

Rougier, Marcelo (comp.), 2014, *Estudios sobre la industria argentina.* (3 vols.), Carapachay: Lenguaje Claro Editora.

Rugir de Motores, 1972, *12 años de automóviles y camiones argentinos. Historia de la industria automotriz argentina.*

San Martín, Francisco Guillermo, 2005, *Historia de la Fábrica Militar de Aviones, Córdoba:* Ediciones del Corredor Austral.

Túrolo, Carlos M., 1996, *De Isabel a Videla: los pliegues del poder,* Buenos Aires: Sudamericana.

Udry, Gustavo, 2015, *La última hazaña de Fangio: los Torino en Nürburgring,* Carapachay: Lenguaje claro Editora.

Weber, Gaby, 2005, *La conexión alemana. El lavado de dinero nazi en Argentina,* Buenos Aires: Edhasa.

Zappietro, Eugenio Juan (comp.), 2004, *Automóvil Club Argentino 1904-2004,* Buenos Aires: Ediciones La Llave.

Revistas consultadas y de interés

Auto Club
Autos de Época
Automundo
Auto Test
Autotécnica
Coche a la Vista
El Derecho
Gacetika
Motor Clásico

Motor
Parabrisas y Parabrisas-Corsa
Primera Plana
Promoción IKA
Ruedas Clásicas
Velocidad
Viva

Documentos varios

Archivo del autor.

Conferencias "Semana del Torino", Museo de la Industria de Córdoba, octubre de 2000.

Correspondencia interna de IKA S. A.

"Identificación de modelos y unidades fabricadas desde el 27 de abril de 1956 hasta el 30 de diciembre de 1985 (no incluye SKD y CKD)", Renault Argentina S. A., División Repuestos.

IKA-Renault, *Memoria y balance 72/73*, 5 de octubre de 1973, Dirección de Relaciones Públicas.

Publicaciones diversas de la División de Relaciones Públicas de IKA, IKA-Renault y Renault Argentina: boletines, informaciones de prensa, folletos y catálogos publicitarios, etcétera.

Resoluciones de la Secretaría de Industria y Comercio de la República Argentina.

"The New Overhead Camshaft Willys Engine", informe N° 532-A a la S.A.E., de A. Sampietro y K. G. Matthews.

Páginas web consultadas y de interés

Alta Gama, http://www.altagamasport.blogspot.com.ar
Club Amigos del Torino, http://www.clubamigosdeltorino.com.ar
Club IAME, http://www.clubiame.com.ar
El Foro, http://www.tutorino.com.ar

Casa de Jack Jones, 17 de diciembre de 2000. De izquierda a derecha: Ethel Bennett de Ordóñez, Franco Cipolla, Jack Jones, James McCloud, Manuel X. Ordóñez, Dolly Ardissone de Hayzus, Jorge Hayzus, Anita Crinigan.

James McCloud el día que cumplió 92 años, el 2 de julio de 2010. Posa sentado en su Torino 380W en Las Vegas, Nevada. *Gentileza de Kimball McCloud*

McCloud ya retirado de su actividad profesional en visita a Santa Isabel. En el área de Experimental observa un prototipo de R11 Turbo de 2 puertas. *Gentileza Raúl Tolcachir*

Misma ocasión. McCloud fue acompañado por Tibor Teleki desde Buenos Aires. Despierta su curiosidad un Renault de principios del siglo veinte. En "Experimental" no entraban autos que no estuvieran lavados y secados. *Gentileza Raúl Tolcachir*

Coleccionista McCloud: con un chasis Rolls Royce y sus colaboradores, entre ellos Jorge Malbrán (cuarto desde la izquierda), en su casa de Boulogne, provincia de Buenos Aires. *Archivo M. X. Ordóñez*

Franco H. Cipolla

Nació en Buenos Aires en 1982. Es autor de numerosos libros sobre la historia económica de la industria automotriz argentina. Entre ellos se destacan *IKA, la aventura* (2003), *La epopeya de Kaiser-Renault* (2004), *Ford, la verdadera historia* (2007), *La saga de los compactos* (2011), *El inicio de la industria automotriz argentina* (2012) y *Auge, apogeo y decadencia de la industria automotriz argentina* (2018). Autor de numerosos artículos periodísticos, actualmente es colaborador en la revista *Ruedas Clásicas*. Su obra cumbre, *El Torino. Historia de una proeza industrial, tecnológica y deportiva*, alcanza hoy su cuarta edición.